# DIE CHRONIK
# FREDEGARS UND DER
# FRANKENKÖNIGE

# DIE CHRONIK FREDEGARS UND DER FRANKENKÖNIGE

und die Lebensbeschreibungen
des Abtes Columban, der Bischöfe
Arnulf, Leodegar und Eligius,
der Königin Balthilde

*Übersetzt von Otto Abel*

*Herausgegeben
von Alexander Heine*

PHAIDON

# *Vorrede*

Wenn es in dem großen Buche der Weltgeschichte Blätter geben könnte, die weniger lesenswert als andere wären, so müßte man sicher dieses siebte Jahrhundert deutscher Geschichte dazurechnen. Keines erscheint so arm an großen Menschen und großen Taten, keines so tief gesunken in geistiger und sittlicher Kultur; selbst die fürchterliche Kette von Mord und Meineid, Hinterlist und Gewalttat vermag nicht mehr zu fesseln, da kein Gregor von Tours mehr der Erzähler ist.

Die gewaltigen Wogen der Völkerwanderung haben sich jetzt verlaufen, alle auf den Trümmern des römischen Reichs neu gegründeten germanischen Staaten sind zu einer gewissen Gestalt gekommen: aber die weniger in die Augen fallenden, doch ebenso merkwürdigen innern Gährungen und Entwicklungen sind es, die der Geschichte des siebten Jahrhunderts ihre große Bedeutung geben.

Von den vier großen germanischen Reichen treten das westgotische in Spanien und das angelsächsische in Britannien für die engere deutsche Geschichte sehr in den

Hintergrund, mehr Aufmerksamkeit verdienen die Langobarden. Die Franken aber sind es, an welche sich die eigentliche deutsche Geschichte fast allein knüpft. Wir stehen in der Zeit, wo es noch kein französisches Frankenreich gab, sondern ein deutsches Frankenreich bestand. In das Land östlich vom Rhein fallen nur seltene Streiflichter, der Schwerpunkt unserer Geschichte liegt in den Gegenden an der Maas und Mosel.

Als im Jahre 561 Chlothar I, Chlodwigs jüngster Sohn, gestorben war, fiel das bloß drei Jahre lang vereinigt gewesene Frankenreich abermals in vier Teile auseinander, und da Charibert von Paris schon 567 kinderlos starb, so gestalteten sich drei Reiche, welche, wiewohl zeitenweise vereinigt, doch die ganze Merowingerzeit hindurch in scharfer Sonderung verblieben – Austrasien (Auster), Neustrien und Burgund. In die erst unter den Karolingern endenden Bürgerkriege werden wir eingeführt durch den furchtbaren Streit der beiden Königinnen Fredegunde und Brunhilde, den Gregor geschildert hat. Fredegunde, die Gemahlin König Chilperichs von Neustrien, starb 597. An der Spitze des Jahrhunderts steht die Gestalt der Königin Brunhilde, der Tochter des Westgotenkönigs Athanagild (554–557) und Gemahlin König Sigeberts von Austrasien. Noch 38 Jahre hindurch, nachdem ihr Gatte ermordet war, hat sie Sohn, Enkel und Urenkel geleitet und mit männlicher Kraft und weiblicher Leidenschaft, mit Klugheit und Grausamkeit bis zu ihrem gräßlichen Ende im Jahre 613 die Herrschaft geführt, eine Frauengestalt, wie sie außer ihr fast bloß noch die Dichtung kennt. Von nun an verliert im merowingischen Königshause auch das Laster seine Größe, in weachsender Jämmerlichkeit schleppt sich das entartete Geschlecht noch anderthalb Jahrhunderte durch die Geschichte.

Nicht minder abschreckend ist das Bild, das uns von den verschiedenen Ständen des Volkes entgegentritt: „In der Rohheit der Franken ging unter, was der Gallier an Bildung noch bewahrt, und in der Verdorbenheit des Galliers, was der Franke Gutartiges mitgebracht hatte, und ein Austausch von Lastern der Verfeinerung und der Wildheit wurde die Grundlage der Vereinigung." Während die durch keinen starken König gezügelten herrschenden Geschlechter sich ungestraft ihrer Herrschsucht und Habgier überließen, nahm Sklaverei an Ausdehnung zu und ward immer drückender.

Wenn ein tobender Sturm oder die Holzaxt einen stämmigen Hochwald niedergeworfen hat, so sproßt wildes Gestrüpp und giftiges Unkraut neben den übriggelassenen Stümpfen auf. Ähnlich war es, als das morsche römische Reich der wilden germanischen Kraft erlegen war. Aber wie jene wüsten, ausgereuteten Waldstellen dem Pflanzenkundigen die reichste Ausbeute gewähren, so findet der Geschichtsforscher nirgends mehr Belehrung als in diesen Zeiten der Umwälzung, wo das erstorbene Alte seine Verwesung beginnt, das noch Lebensfähige aber sich mit den frischen Kräften der Zeit zu einem neuen Entwicklungsgang verbindet. In unendlicher Mannigfaltigkeit gestaltet sich da das Leben: neuer Inhalt in alten Formen, neue Formen mit altem Inhalt.

Nach der gewöhnlichen Schulmeinung nimmt das sogenannte Mittelalter im fünften Jahrhundert seinen Anfang: es mag höchst nützlich sein, dem Gedächtnis durch solche scharfe Einteilung zu Hilfe zu kommen, aber die

Geschichte weiß nichts davon. Die alte Welt war ihren Jahrhunderte währenden Tod noch nicht gestorben, und am wenigsten im Bewußtsein der Menschen. Wie viele neue Begriffe und Ideen auch das Christentum und Germanentum gebracht hatten, so lebte der gebildete und denkende Teil der Menschen doch noch in römischen Anschauungen fort. Der gewaltige germanische Neubau, der erst unter den Karolingern erkennbar zutage trat, war jetzt noch von wüstem Trümmerschutt bedeckt, über den die Zeitgenossen nicht hinwegzusehen vermochten. „Wir stehen jetzt im Greisenalter der Welt", sagt Fredegar in der Vorrede zu seiner Chronik, „darum hat die Schärfe des Geistes bei uns nachgelassen und niemand vermag es in dieser Zeit den früheren Schriftstellern gleichzukommen". Ein bedeutsames Wort. Der Verfall der römischen Welt, die als der alleinige Träger menschlicher Bildung erschien, lag klar vor Augen, Aussicht auf eine neue, frische Lebensgestaltung zeigte sich nirgends. Das Christentum gewährte in dieser traurigen Zeit noch den einzigen Trost, indem es auf ein jenseitiges Leben hinwies, aber die Verzweiflung an dem diesseitigen vollendete es durch seine Vorstellung vom Ende der Welt. Als man gegen den Ausgang des Jahrhunderts in der schrecklichen Zeit nach König Childerichs Tod allgemein das Erscheinen des Antichrist erwartete, hatte sich doch schon allmählich eine festere Ordnung im Staate vorbereitet, die gedeihlichen Schutz für Geistesbildung und Gesittung versprach. Dieselbe war aber eine der vornehmsten Wirkungen des Christentums und entsprang aus den Bemühungen der Kirche. Zwar ist die Geistlichkeit von der allgemeinen Verderbnis keineswegs frei gewesen, im Gegenteil, alle

Laster der Zeit finden wir bei ihr, da die Kirchenämter an
Unwürdige so häufig vergeben wurden, und in jenen
Tagen (so wird im Leben des h. Eligius ums Jahr 640
erzählt) „die ketzerische Simonie schrecklich in den Städten und im ganzen Frankenreiche, besonders seit den Zeiten der unseligen Königin Brunichilde bis auf König Dagobert wucherte". Demungeachtet aber blieben die Geistlichen immer diejenigen, die allein die Kraft und den Mut
hatten, der rohen Gewalttätigkeit der Großen entgegen-
zutreten. Bei ihnen war die Beschützung des niedern
Volks, der Witwen und Waisen, der Armen, Gefangenen
und Sklaven; die harte Leibeigenschaft ist vornehmlich
durch die Kirche aufgehoben worden. Audoen erzählt von
seinem Freund Eligius: „Wo er einen Sklaven käuflich
fand, eilte er mit Erbarmen hinzu und löste den Gefangenen aus. Bisweilen kaufte er zwanzig und dreißig, ja sogar
fünfzig auf einmal los. Oftmals befreite er auch die Sklaven in ganzen Haufen bis zu hundert Seelen, wenn sie,
Männer und Frauen und aus allen Völkerschichten, zu
Schiffe herbeigeführt wurden, Römer, Gallier, Britannier,
auch Mauren, besonders aber Sachsen, die zu der Zeit in
ganzen Herden von ihrer Heimat losgerissen und in die
Fremde verkauft wurden."

Otto Abel

# Die Chronik des Fredegar, die Taten der Frankenkönige und deren Fortsetzung bis zum Jahre 768

# *Einleitung*

Über die nachfolgende Chronik ist vor allem zu bemerken, daß wir über die persönlichen Verhältnisse ihres Verfassers gänzlich im ungewissen sind, ja nicht einmal dessen Namen kennen. Freher hat ihm in seiner Ausgabe von 1613 den zuerst bei J. Scaliger 1598 vorkommenden Namen „Scholasticus Fredegar" gegeben, aber in keiner einzigen jetzt bekannten Handschrift findet sich dieser Name. Indes der Bequemlichkeit zulieb hat man ihn bisher in allen Ausgaben beibehalten, und so mag der Schriftsteller auch in dieser Übersetzung Fredegar genannt bleiben.

Sicherer sind die Vermutungen über Zeit und Ort der Abfassung. Ziemlich allgemein wird angenommen, daß Fredegar in Burgund geschrieben hat: seine häufige Berücksichtigung der langobardischen und westgotischen Geschichte, noch mehr sein Zählen nach den Regierungsjahren der burgundischen Könige, was besonders auffallend unter König Childebert ist (Kap. 15. 16), scheint nebst manchen anderen Zügen dies hinlänglich zu rechtfertigen. Daß Fredegar erst unter König Pippin oder gar unter

Karl d. Gr. gelebt habe, wie früher wohl angenommen
wurde, widerlegt sich schon daraus, daß die älteste Handschrift bloß bis zum Jahre 641 geht und noch dem siebten
Jahrhundert angehört. Fredegar schrieb ganz unzweifel-
haft um die Mitte dieses Jahrhunderts. Daß er seine Geschichte noch über das Jahr 641 oder 642 hinaus fortfüh-
ren wollte, sagt er selbst in Kap. 81, fast der einzigen
Stelle, wo er von sich spricht. Maßgebend für sein Alter
ist Kap. 72, wo er den Tod des westgotischen Königs Chin-
daswind erwähnt, der im Jahr 649 erfolgte; noch um neun
Jahr weiter kommen wir, wenn wir auf die Erzählung von
dem Wendenkönig Samo ein Gewicht legen wollen, der
nach Fredegar Kap. 48 im Jahr 623 die Herrschaft erlangte und dann noch 35 Jahre, also bis 658 lebte.

[Jetzt ist durch *Bruno Krusch* in seinen Abhandlungen
und in der neuen Ausgabe, welche dieser Überarbeitung
der Übersetzung zugrunde gelegt werden konnte, die Ent-
stehung des ganzen Werkes in ganz neuer Weise nachge-
wiesen worden. Es hat sich ihm ergeben, daß schon im J.
613 in Burgund, vielleicht in Avenches, ein annalistisches,
bis in den Anfang des siebten Jahrhunderts fortgeführtes
Werk eine Fortsetzung erhielt, deren Verfasser, um den
Zusammenhang der Weltgeschichte zu gewinnen, das
„Buch der Geschlechter", welches Hippolyt im J. 235 verfaßt hatte, und einen Auszug aus Hieronymus und Idatius
voranstellte. Seine Arbeit reicht bis zum 39. Kapitel der
Chronik, deren Anfang also durch diese Entdeckung bedeutend an Gewicht gewinnt. Der eigentliche Fredegar
aber nahm im J. 642, bis wohin er seine Arbeit geführt
hat, das ältere Werk vor; auch er war in derselben Gegend heimisch. Er versah die beiden ersten Bücher mit

Anhängen und fügte einen Auszug aus den ihm allein bekannt gewordenen sechs ersten Büchern des Gregor von Tours hinzu, nicht ohne die Einmischung von allerlei Fabeln, namentlich über die Vorzeit der Franken, welche Giesebrecht im Anhang zu der Übersetzung des Gregor von Tours mitgeteilt hat.

Für die Fortführung der Geschichte benutzte Fredegar einen Bericht über das inhaltreiche Jahr 613, wie man wegen des genauen Berichts im Kap. 40–44 annehmen muß, und erzählte treu, aber mit geringem Geschick, was er selbst miterlebt hatte.

An diesen nun schloß sich um 658 ein dritter Bearbeiter, ein Austrasier, den Krusch vermutungsweise nach Metz setzt. Er ergänzte das Werk durch einen Auszug aus dem Leben Columbans und fügte verschiedene Supplemente über austrasische, westgotische, oströmische Ge- der

Absatz vom Schluß des Kap. 84 bis Kap. 88 mit entschieden austrasischem Charakter herrühren. Seine Zutaten sind es, welche früher zu der Annahme führten, das ganze Werk könne nicht vor 660 geschrieben sein. Eine weitere Fortsetzung hat er aber nicht zustande gebracht.]

Fredegar teilte sein ganzes Werk in vier Bücher, in denen er die Geschichte von der Erschaffung der Welt bis auf seine Zeit herabführt. Er sagt in der Vorrede zu seinem Werk folgendes darüber: „Ich habe die Chroniken des heiligen Hieronymus, des Ydacius, eines gewissen Gelehrten, des Isidorus und endlich des Gregorius mit Aufmerksamkeit durchgelesen, und was diese fünf Männer in ihren Chroniken seit Anfang der Welt bis auf den Tod König Gunthramns kunstvoll und tadellos erzählen, ohne viel wegzulassen in mein kleines Buch der Ordnung nach eingetragen." Die zwei ersten Bücher erweisen sich als ein Auszug aus dem „Buch der Geschlechter", aus Hieronymus und Idatius. Das dritte Buch enthält in 93 Kapiteln einen Abriß von Gregors fränkischer Kirchengeschichte. Beurteile man diese gelehrte Tätigkeit nicht unbillig vom heutigen Standpunkt aus. Daß durch sie die Geschichtswissenschaft als solche nicht weiter gefördert wurde, liegt auf der Hand; aber die kaum minder wichtige Verbreitung geschichtlicher Kenntnisse war nur auf diese Weise möglich. Darum wiederholen sich diese wissenschaftlichen Bestrebungen ganz in derselben Art das ganze Mittelalter hindurch, bei Männern wie Otto von Freising so gut, wie bei dem geringsten Klosterschreiber. Aber es war doch ein wesentlicher Unterschied zwischen jenen Mönchen und den zahllosen Schreibern, die heutzutage aus zwei, drei alten Büchern ein neues viertes anfertigen. Er fällt in die Augen, sobald man sich einigermaßen das damalige Leben vergegenwärtigt. Die kleine Klosterbibliothek bestand zum größten Teil aus theologischen Büchern, gelehrten wie erbaulichen; dem historischen Bedürfnis, das erst in zweiter Reihe stand, suchte man zu genügen, indem man die Handbücher des Orosius, Hieronymus und ähnlicher Chronisten aus der christlichen Zeit abschrieb oder gewöhnlicher auszog. Auf Originalwerke kam es dabei nicht an, man wollte vielmehr nur den Stoff haben. Nichts Charakteristischeres gibt es in dieser Hinsicht, als die Annalen, die seit dem achten Jahrhundert sich nach den entlegensten Klöstern verbreiteten und sich auf etwa vier Kreise zurückführen lassen. Der verbreitetste derselben ging von dem Kloster

Murbach in den Vogesen aus, das von englischen und irischen Mönchen im J. 727 gestiftet wurde. Diese Annalen gingen in burgundische, rheinische, sächsische, thüringische Klöster über, durch ganz Süddeutschland begegnet man ihnen; und noch in Annalen des zwölften Jahrhunderts weisen die Angaben über angelsächsische Könige des siebten Jahrhunderts auf jene ersten britischen Mönche zurück. So hatte sich denn fast jedes Kloster aus den nächsten ihm zugänglichen Quellen seine Annalen angelegt, die von Erschaffung der Welt oder von Christi Geburt beginnen und endlich in die Klostergeschichte einmünden, von der wir aber nur in den wenigsten Fällen den Verfasser kennen. Wie weit die vorhandenen Quellen benützt, ob sie rein abgeschrieben, oder ihre Auszüge verschmolzen werden sollten, das hing von dem Bedürfnis des Klosters und dem wissenschaftlichen Trieb einzelner Männer ab. Aber auch der Kostenpunkt kam sehr in Betracht: bezeichnend ist es hierfür, wenn Winithar, der Dekan des durch seine gelehrte Bildung vor allen anderen berühmten Klosters St. Gallen, der im achten Jahrhundert lebte, in einer an seine Klosterbrüder gehaltenen Rede noch mehr zu schreiben verspricht, „wenn ihm die Hausmeister das Pergament dazu geben." Darum auch der gewöhnliche Brauch, schon benütztes Pergament neu zu überschreiben – die Palimpsesten.

Zieht man dies alles in Betracht, so wird man einräumen müssen, daß Fredegar mit einem Fleiß, der bei der Mühe, die ihm seine schriftstellerische Tätigkeit offenbar machte, doppelte Anerkennung verdient, den großen historischen Stoff, der ihm vorlag, verarbeitete. Dabei hat er noch überall aus schriftlicher wie mündlicher Überlieferung eigentümliche Züge eingeflochten, die besonders für die Kenntnis der deutschen Volks- und Heldensage schätzbare Beiträge liefern. „Von da an, wo Gregors Werk schließt," heißt es in der Vorrede weiter, „habe ich die Geschichtsaufzeichnungen, die ich nur auftreiben konnte, benützt und alles, was ich durch eigene Anschauung habe erkunden können, mit möglichster Sorgfalt in dieses Buch eingetragen."

Dies führt uns auf den geschichtlichen Wert der Chronik. Fredegars Glaubwürdigkeit ist sehr stark in Zweifel gezogen worden, aber meist unbillig. So leicht es ist, seine vielen und starken Irrtümer nachzuweisen, so hat man doch kein Recht, an der Wahrheit seiner eigenen Angaben zu zweifeln. Man muß sich in seine Zeit und Lage versetzen und dann unterscheiden zwischen der Geschichte der Franken und seinen Nachrichten von fremden und fernen Völkern. Diese wird man allerdings nur in den seltensten Fällen als Gewährschaft anführen dürfen; auf dem weiten Wege von dem Ort der Begebenheiten bis in Fredegars abgelegene Klause haben sie ihr ursprüngliches Gepräge verloren und fränkisches erhalten. Das macht sie aber um nichts weniger anziehend und belehrend: die idealere Anschauung, die in der einheimischen Greuelgeschichte zurücktreten mußte, flüchtete sich in die Fremde, bei deren Darstellung sie freieres Feld fand.

Die Erzählung vom Kaiser Heraklius (Kap. 63–66), der den Perserkönig zum Zweikampf herausfordert und dabei die beiderseitigen Reiche als Preis setzt, dann Persien erobert und die einst von Alexander dem Großen geschlossenen ehernen Tore öffnen läßt, ist für byzantini-

sche Geschichte unbrauchbar, für die Kenntnis von Fredegars Zeit hat sie eine ähnliche Bedeutung, wie nachmals
die Sagen von Karls des Großen Heerfahrt nach dem gelobten Land für die ihre. Noch schätzbarer sind Fredegars
Berichte von Ländern, in denen eben erst die historische
Dämmerung anbricht. So besonders, was er von dem
Wendenkönig Samo erzählt. Gleich Herodot schreibt er
nieder, was er gehört hat; den historischen Kern davon
bloßzulegen, bleibt der Geschichtsforschung überlassen,
die aus Herodots „Fabeln und Märchen" schon so überra-
schende Ergebnisse zutage gefördert hat.

Je enger sich der Kreis von Fredegars historischer Seh-
weite zusammenzieht, desto unverkennbarer trägt auch
seine Darstellung das Gepräge ungeschmückter Wahrheit, oder doch Wahrheitsliebe. Und man dürfte ihr dieses
Lob nicht versagen, wenn auch nicht beinahe alle Mittel
fehlten, sie zu widerlegen. Denn das macht Fredegars
Werk ganz unschätzbar, daß es für einen nicht geringen
Zeitraum fränkischer und deutscher Geschichte die einzige Quelle ist.

Was nun die Form betrifft, so folgt die Erzählung dem
Zeitenlauf; übrigens ist von einem Streben nach künstle-
rischer Anlage und Ausführung keine Spur zu finden,
auch die niedersten Ansprüche erscheinen in dieser Hinsicht bei Fredegar noch unbescheiden. Er bekennt in der
Vorrede auch selbst die „Einfalt und Beschränktheit seiner Anschauung" (rusticitas et extremitas sensus mei).
Die Sprache selbst ist von der Art, daß das Buch für alle
angehenden Lateiner zu den gefährlichsten und verbo-
tensten gerechnet werden muß. Es ließe sich eine höchst
erbauliche Blumenlese daraus anfertigen, aber man

müßte den halben Fredegar abschreiben, denn Stellen wie „Theudebertus cum Saxonis, Thoringus vel ceteras gentes quae de ultra Renum potuerat adunare" oder „a Francorum ceterasque gentes" fehlen in keinem Satz. Man kann kaum von einer Deklination mehr reden, denn sind die Casusformen auch noch vorhanden, so haben sie doch alle Bedeutung verloren, und es ist bloß zufällig, wenn die richtige Form gebraucht wird. So sehr nun einerseits dies zum Beweis für den Verfall gelehrter Bildung und die tiefe Barbarei des siebten Jahrhunderts dienen kann, so gewährt es doch andrerseits eine höchst lehrreiche Einsicht in die damalige Entwicklung der Sprache. Wir stehen in der Zeit, wo sich die romanischen Sprachen aus der lateinischen herausbildeten: es war der naturgemäß sich entwickelnde Übergang zu dem gänzlichen Aufhören der Deklination in jenen, daß die bisherigen Flexionsformen in dieser bedeutungslos wurden. Erst später trat durch die fernere volksmäßige Entwicklung der romanischen, durch die gelehrte Pflege der lateinischen Sprache eine entschiedene Sonderung zwischen beiden ein. – Daß übrigens das Verständnis Fredegars durch solch willkürlichen Gebrauch der Casus und Tempora sehr erschwert wird, und der Sinn sich oft nur erraten läßt, ist leicht zu ermessen.

Siebzig Jahre lang nach Fredegar ist uns kein Zeugnis einer Geschichtsschreibung bei den Franken bekannt. Erst unter Karl Martell und König Theuderich IV. (720–737), in dessen sechstem Regierungsjahr, wurde [in Neustrien, vermutlich in Rouen] eine Chronik unter dem Namen *die Taten der Frankenkönige (Gesta regum Francorum)* abgefaßt, die in 52 Kapiteln die gesamte Geschichte der Franken seit ihrem Auszug aus Troja behandelt. Bis in die Mitte des siebten Jahrhunderts ist sie durch die überwiegende Masse eingestreuter Sagen vom Geschichtsforscher nur mit Vorsicht zu benutzen: ihre historische Bedeutung aber bekommt sie erst mit Kap. 43; und von da an bis zu ihrem Ende bildet sie für einen Zeitraum von siebzig Jahren die einzige zusammenhängende und originale, wenn auch dürftige Geschichtsquelle. So sehr auch nach dem ersten fabelhaften Teil des Buchs Mißtrauen gerechtfertigt erscheinen muß, so trägt doch dieser zweite Teil vorwiegend das Gepräge der Wahrheit an sich, und erhält durch die glaubwürdigsten, gleichzeitig abgefaßten Heiligenleben meist seine Bestätigung. Von Stil kann im Grund bei dem unbekannten Verfasser sowenig die Rede sein, wie bei Fredegar: ist seine Sprache auch etwas weniger barbarisch, so ist er doch im Bau und in der Verknüpfung der Sätze womöglich noch unbehilflicher. [Diese Chronik wurde wenige Jahre später von einem Austrasier überarbeitet, welcher einiges strich, anderes hinzufügte; schon 736 war diese Bearbeitung vorhanden und erhielt damals eine Fortsetzung, welche uns nur in einem Auszug als erste Fortsetzung des Fredegar erhalten ist.]

Nicht lange nach dem Abschluß dieser Chronik unternahm es ein Austrasier, Fredegars Werk bis auf seine Zeit forzusetzen. Er nahm zu diesem Zwecke *die Taten der Frankenkönige* vor und verfertigte eine bloße Umschreibung derselben von der Zeit an, da Fredegar aufhört, bis zu ihrem Schluß (Kapitel 43–52) [nebst der Fortsetzung]. Diese seine Arbeit hängte er in fortlaufender Kapitelreihe (91–109, 1–17 der neuen Zählung) unmittelbar dem Fredegar an. Aus den chronologischen Bestimmungen, welche im letzten Kapitel angebracht sind, geht hervor, daß der Verfasser Sonntag den 1. Januar des Jahres 735, oder vielmehr, da das Jahr damals erst an Ostern anfing, nach unserer Zeitrechnung im Jahr 736, sein Werk schloß.

[O. Abel hatte in den letzten Abschnitt der „Taten der Frankenkönige" nur die, besonders die Arnulfinger betreffenden, Erweiterungen des Bearbeiters, welcher dagegen andere Nachrichten über die Merowinger fortließ, eingeschoben; uns schien es besser, beide Stücke, welche doch nur von geringem Umfang sind, hier vollständig zu geben und auch gleich die weiteren Fortsetzungen anzuschließen, damit der Leser das ganze Werk des sog. Fredegar vollständig beisammen habe, wenngleich die weiteren Fortsetzungen schon dem achten Jahrhundert angehören. Abel hatte sie mit den Annalen Einhards verbunden.

Ganz richtig hatte Abel bemerkt, daß es irrig und grundlos sei, beim Jahre 680 einen Abschnitt zu machen, aber er hatte noch nicht erkannt, daß auch die Fortsetzung bis 736 nur ein Auszug ist. Zutreffend aber bemerkt er, daß die Fortsetzungen in den Handschriften sowohl, als nach ihrer inneren Beschaffenheit nicht als zufällig aneinander gereihte Stücke, sondern wesentlich als ein Werk erscheinen, und daß von Childebrand, dem Bruder Karl Martells, der Plan dazu ausgegangen war.

Childebrand beauftragte seinen Schreiber, die Taten seines Bruders im Anschluß an die früheren fränkischen Geschichtsbücher zu erzählen. Dieser ließ in seiner Abschrift der alten Chronik das „Buch der Geschlechter" weg und setzte an dessen Stelle den *Hilarianus de cursu temporum*, welchen er in seiner Vorlage an anderem Orte fand, und erweiterte die Stammsage der Franken im Hieronymus durch ein Exzerpt aus Dares Phrygius. Den Auszug aus dem letzten Teil von den Taten der Frankenkönige, samt der Fortsetzung bis 736, machte er recht mangelhaft mit viel chronologischer Verwirrung, aber bereichert mit Zusätzen, welche das Haus der Arnulfinger hervorheben, während er manches wegließ, was das Haus der Merowinger betraf, die ihn nicht mehr kümmerten. Die Fortsetzung, anfangs dürftig, ist weiterhin doch von erheblichem Wert. Daran schließt sich nun der für uns unschätzbare, wenn auch an sich höchst ungenügende Bericht über die letzten Jahre Karl Martells und die Regierung Pippins als Hausmeier, von der Mitte des Kap. 109 bis 117 (18–33 nach der neuen Zählung); nach Kap. 109 (22) lassen Veränderungen im Wortgebrauch den Eintritt eines neuen Schreibers annehmen.

Childebrand, sagt Abel, erlebte es noch, seinen Neffen Pippin auf dem Thron der Franken zu sehen. Bald nachher aber starb er, und sein Sohn Nibelung übernahm es nun, das väterliche Werk bis auf die Thronbesteigung Karls u. Karlmanns herunterzuführen. So sind die Fortsetzung des Fredegar als eine Art von karlingischer Familienchronik anzusehen, und es läßt sich nicht sagen, daß dies zu einer die Wahrheit verletzenden Parteilichkeit geführt hätte. Sie haben den Wert einer halbamtlichen Schrift und bilden trotz einzelner Irrtümer und zahlreicher Lücken durch die Zuverlässigkeit ihrer Angaben die Grundlage für die Geschichte Karl Martells und König Pippins. Die Schreibart ist überaus roh, wenn auch einiger Fortschritt seit Fredegar nicht zu verkennen ist.

Noch eine Bemerkung möge hier Platz finden und ein

für allemal gemacht sein. Es käme darauf an, in der Übersetzung alle Eigennamen so wiederzugeben, wie sie zur Zeit des Schriftstellers gesprochen wurden. Dies ist aber in den meisten Fällen unmöglich. Soll nun zwischen Willkür und Pedanterie die richtige Mitte getroffen werden, so ist vor allem zu unterscheiden zwischen ursprünglich deutschen und ursprünglich römischen oder gallischen Personen- und Ortsnamen. Bei den letzteren schien es zweckmäßiger, die lateinischen Formen des Schriftstellers beizubehalten, da die damalige Volkssprache ihnen jedenfalls weit näher stand, als den heutigen französischen Benennungen; des leichteren Verständnisses halber sind jedoch diese immer angemerkt. Umgekehrt sind die deutschen Namen immer ihrer lateinischen Formen entkleidet und, wo, wie bei sehr vielen Ortsnamen, bedeutendere Abweichungen stattfanden, diese in den Anmerkungen beigefügt worden. Ebenso wurde es, um den Schein des Gezwungenen zu vermeiden, auch bei manchen ursprünglich undeutschen Namen gehalten, wie Paris, Metz, Trier, Köln, Mainz u. a., was wohl keiner weitern Rechtfertigung bedürfen wird.

O. Abel

# 1
## *Die Chronik des Fredegar*

### 1.

Da Gunthramn der Frankenkönig reich an Güte schon im 23. Jahr das Reich Burgund glücklich beherrschte, mit den Geistlichen durchaus wie einer ihresgleichen sich benahm, leutselig gegen die Mannen war, auch den Armen reichlich Almosen gab, war seine Regierung so vom Glück begünstigt, daß auch alle benachbarten Völker von seinem Lobe voll waren.

Im 24. Jahre seiner Herrschaft ließ er aus Liebe zu Gott im Weichbilde der Stadt Cabilonnum, – doch ist es sequanisches Gebiet, – mit Kunst und Fleiß die Kirche des heiligen Marcellus erbauen, wo sein eigener Leib prächtig begraben liegt. Er sammelte Mönche und gründete dort ein Kloster, schenkte auch der Kirche zahlreiche Güter. Eine Synode von vierzig Bischöfen ließ er veranstalten und nach dem Muster des Klosters der Heiligen von Agaunum einrichten, das zu den Zeiten König Sigismunds von Avitus und anderen Bischöfen auf Befehl eben jenes Fürsten eingerichtet worden war; ebenso ließ auch

durch die Vereinigung dieser Synode die Einrichtung des
Klosters des heiligen Marcellus Gunthramn bestätigen.

## 2.

In diesem Jahre vermaß sich Gundoald mit Hilfe des
Mummolus und Desiderius im Monat November, einen
Teil von Gunthramns Reich anzugreifen und die Städte zu
zerstören. Gunthramn schickte seinen Stallgrafen Leudis-
clus und den Patricius Ägyla mit einem Heer gegen ihn.
Gundoald floh in die Stadt Conbane und verbarg sich
daselbst. Alsdann wurde er durch Herzog Boso von einem
Felsen herabgestürzt und so getötet.

## 3.

Als es dem Gunthramn hinterbracht ward, daß sein Bruder Chilperich ermordet worden wäre, eilte er nach Paris
und ließ dort Fredegunde mit Chilperichs Sohn Chlothar
vor sich kommen. Diesen ließ er in der Villa Rioilus taufen, und indem er ihn selbst aus der heiligen Taufe hob,
sicherte er ihm das Reich seines Vaters.

## 4.

Im 25. Jahre der Herrschaft Gunthamns wird Mummolus
auf Gunthramns Befehl zu Senuvia ermordet; seine Gat-
tin Sidonia mit allen ihren Schätzen bringen der Haus-

hofmeister Domnolus und der Kämmerer Wandalmar vor Gunthramn.

## 5.

Im 26. Jahre seiner Herrschaft fällt Gunthramns Heer in Spanien ein, kehrt aber, durch Krankheiten behindert, sofort wieder in die Heimat zurück.

Im 27. Jahre seiner Herrschaft wird Leudisclus von Gunthramn zum Patricius für die Provinz bestellt. Vom König Childebert kam die Nachricht, daß ihm ein Sohn Theodebert geboren worden. In jenem Jahre war eine gewaltige Überschwemmung in Burgund, so daß die Flüsse weit über die Ufer traten. In demselben Jahre geht Graf Syagrius in Gunthramns Auftrag als Gesandter nach Konstantinopel und wird daselbst verräterischerweise zum Patricius bestellt. Der Anfang war gemacht, jedoch kam diese Verräterei nicht zur Ausführung.

In jenem Jahre erschien ein Zeichen am Himmel: eine feurige Kugel fiel funkensprühend und zischend zur Erde nieder.

## 6.

In demselben Jahre stirbt König Leubild in Spanien, und sein Sohn Richard erhielt die Herrschaft.

Im 28. Jahre der Herrschaft des Herrn Gunthramn kommt von Childebert die Nachricht, daß ihm ein zweiter Sohn namens Theuderich geboren worden.

## 7.

Gunthramn verband sich mit Childebert zur Aufrechthaltung des Friedens zu Andelaum. Daselbst waren auch Mutter, Schwester und Gemahlin König Childeberts anwesend. Und es war dort durch eine besondere Übereinkunft zwischen Herrn Gunthramn und Childebert ausgemacht, daß Gunthramns Reich nach seinem Tode an Childebert fallen sollte.

## 8.

Zu selbiger Zeit wurden Rauching und Boso Gunthramn, Ursio und Bertefred, König Childeberts Würdenträger, auf des Königs Befehl hingerichtet, weil sie ihn zu ermorden beabsichtigt hatten. Aber auch Leudefred, der Alamannenherzog, fiel in des obengenannten Königs Ungnade und flüchtete in ein Versteck. An seiner Stelle wurde Uncelenus zum Herzog bestellt. In jenem Jahre wird Richarid der Gotenkönig aus Liebe zu Gott zuvor heimlich getauft. Hierauf ließ er alle Goten, die noch zur Sekte der Arianer gehörten, in Toletum sich versammeln und alle arianischen Bücher vor sich bringen. Diese befahl er in einem Hause aufzuschichten und zu verbrennen; alle Goten aber ließ er auf den christlichen Glauben taufen.

## 9.

In diesem Jahr verließ die Gemahlin Aunulfs; des Kaisers
der Perser, mit Namen Cäsara, ihren Mann, kam mit vier
Dienern und ebensovielen Dienerinnen zu dem heiligen
Johannes, dem Bischof von Konstantinopel, und sprach,
sie gehöre zu dem Heidenvolke, und ersuchte den eben
erwähnten heiligen Johannes um die Gnade der Taufe.
Als sie von dem Bischof selbst getauft wurde, vertrat des
Kaisers Mauricius erlauchte Gemahlin die Patenstelle. Als
ihr Gemahl, der Kaiser der Perser, sie oftmals durch Gesandtschaften zurückfordern ließ, während Kaiser Mauricius nicht wußte, daß sie gerade die Gemahlin sei, da
kam die Kaiserin beim Anblick ihrer großen Schönheit
auf den Gedanken, sie möchte wohl selbst die von den
Gesandten gesuchte sein, und sprach zu diesen: „Es ist
ein Weib aus Persien hierher gekommen und hat gesagt,
sie gehöre zu dem Heidenvolke. Sehet sie an: vielleicht ist
sie es, die ihr suchet." Sobald die Gesandten sie erblickten, bezeigten sie ihr fußfällig ihre Ehrfurcht und sprachen, das sei ihre Herrin, die sie suchten. Die Kaiserin
sagte zu ihr: „Gib ihnen Antwort." Darauf versetzte sie:
„Ich rede mit diesen nicht: ihr Leben ist ein Hundeleben;
wenn sie bekehrte Christen, so wie ich es bin, geworden
sind, dann will ich ihnen antworten." Die Gesandten aber
nahmen mit willfährigem Herzen die Gnade der Taufe
an. Darauf sprach Cäsara zu ihnen: „Wenn mein Gemahl
Christ werden und die Gnade der Taufe annehmen will,
so werde ich gerne zu ihm heimkehren, sonst aber werde
ich in keinem Falle wieder zu ihm zurückreisen." Als die
Gesandten das dem Kaiser von Persien meldeten, sandte

er sogleich eine Gesandtschaft an Kaiser Mauricius, es
möchte der heilige Johannes nach Antiochia kommen,
aus seinen Händen wolle er die Taufe empfangen. Da ließ
der Kaiser Mauricius den glänzendsten Prunk in Antiochia herrichten, und hier wurde der Kaiser von Persien
mit 60 000 Persern getauft, und zwei Wochen lang wurde
von Johannes und den andern Bischöfen getauft, bis die
genannte Zahl voll war. Bei dem Kaiser selbst vertrat Gregorius, der Bischof von Antiochia, Patenstelle. Kaiser Au-
nulf ersucht den Kaiser Mauricius, er möchte ihm Bischöfe und Geistliche in genügender Zahl geben, die er in
Persien einsetzen wollte, damit sie ganz Persien zu der
Gnade der Taufe verhelfen würden. Mauricius gestand
ihm das mit willfährigem Herzen zu, und mit der größten
Schnelligkeit wurde ganz Persien auf den christlichen
Glauben getauft.

## 10.

Im 29. Jahre Gunthramns wird auf dessen Befehl ein
Heer nach Spanien gesandt, aber durch Verschulden des
Boso, welcher der Anführer des Heeres war, wird von den
Goten jenes Heer arg zusammengehauen.

## 11.

Im 30. Jahre des obengenannten Fürsten kommt der Rock
unsres Herrn Jesu Christi zum Vorschein, der ihm bei der
Kreuzigung genommen worden und von den Soldaten,

die ihn bewachten, verlost worden war, nach dem Wort
des Propheten David: „Und sie warfen das Los um mein
Gewand"(Ps. 21, 19). Simon nämlich, ein Sohn Jakobs,
gestand, nachdem man ihn zwei Wochen hindurch auf
mancherlei Weise gemartert hatte, daß der Rock in der
Stadt Zafad nicht weit von Jerusalem in einem marmornen Behälter liege. Die Bischöfe Gregor von Antiochia,
Thomas von Jerusalem und Johannes von Konstantinopel fasteten nun mit vielen anderen Bischöfen drei Tage
lang, dann brachten sie den marmornen Behälter, der
leicht geworden war, als wäre er von Holz gewesen, in
feierlichem Aufzug, zu Fuß und in tiefster Andacht nach
Jerusalem und legten ihn jubelnd an dem Ort nieder, wo
des Herrn Kreuz angebetet wird.

In diesem Jahre verfinsterte sich der Mond. In demselben Jahre kam es zwischen Franken und Britanniern bei
dem Fluß Vicinonia zum Kampf.

## 12.

Beppelenus, der Herzog der Franken, ward auf Veranstalten des Herzogs Hebrachar von den Britanniern getötet,
worauf dieser später seines Vermögens beraubt und zu
vollständiger Armut gebracht wurde.

## 13.

Im 31. Jahre der Herrschaft Gunthramns starb Theude-
fred, welcher Herzog im Gebiet jenseits des Jura war, und

auf ihn folgte Wandalmar in der Herzogswürde. In demselben Jahre wurde in Italien der Herzog Ago auf den
Thron der Langobarden erhoben.

Im 32. Jahr der Herrschaft Gunthramns wurde die
Sonne vom Morgen bis zum Mittag so klein, daß kaum
der dritte Teil sichtbar blieb.

## 14.

Im 33. Jahr seiner Herrschaft starb der König Gunthramn am 28. März und ward in dem von ihm gestifte-
ten Kloster, in der Kirche des heiligen Marcellus, begraben. Sein Reich übernahm Childebert. Noch in demselben Jahre fiel der Herzog Quintrio von Campania mit
Heeresmacht in Chlothars Gebiet ein; aber Chlothar zog
ihm mit seinen Leuten entgegen und schlug ihn in die
Flucht, wobei auf beiden Seiten eine sehr große Menge
umkam.

## 15.

Im 2. Jahre der Herrschaft König Childeberts über Burgund kämpften die Heere der Franken und Britannier
miteinander, wobei auf beiden Seiten sehr viele mit dem
Schwert niedergemacht wurden.

Im 3. Jahre, seitdem Childebert in Burgund herrschte,
erschienen viele Zeichen am Himmel, und ein Komet
war zu sehen. In demselben Jahre kämpfte sein Heer
tapfer gegen die Warner, die sich empört hatten, und
besiegte sie vollständig, daß nur wenige von ihnen
übrigblieben.

## 16.

Im 4. Jahre, nachdem er Gunthramns Reich erhalten hatte, starb Childebert und es folgten ihm seine Söhne Theudebert und Theuderich. Jener erhielt Auster mit der Hauptstadt Metz, dieser das Reich Gunthramns in Burgund und nahm seinen Sitz in Aurilianes.

## 17.

In demselben Jahre setzte sich Fredegunde mit ihrem Sohn, dem König Chlothar, gewalttätig in den Besitz von Paris und den übrigen Städten, und rückte gegen die beiden Söhne König Childeberts mit ihrem Heer bis nach Latofao. Hier schlugen sie einander gegenüber ihr Lager auf: Chlothar mit den Seinigen stürzte sich auf Theudebert und Theuderich und brachte ihrem Heere eine große Niederlage bei.

Im 2. Jahre von Theuderichs Herrschaft starb Fredegunde.

## 18.

Im 3. Jahre ward der Herzog Quintrio auf Anstiften der Brunechilde ermordet.

Im 4. Jahre wurde Quolenus, von Geschlecht ein Franke, zum Patricius ernannt. In diesem Jahre verwüstete die Drüsenpest Marsilia und die übrigen Städte der Provinz. In demselben Jahre kochte sehr heißes Wasser

in dem See von Dunum, in den sich die Arola ergießt, so
gewaltig auf, daß eine Menge Fische gesotten wurden.

In demselben Jahre starb Warnechar, Theuderichs
Hausmeister, nachdem er sein ganzes Vermögen an die
Armen verteilt hatte.

## 19.

In ebendem Jahre ward Brunechilde von den Austrasiern
verjagt und auf dem Felde bei Arciacus von einem armen
Mann ganz allein gefunden, der sie nach ihrem Wunsch
zu Theuderich brachte. Dieser nahm seine Großmutter
mit Freuden auf und hielt sie in hohen Ehren. Jenem
Mann aber verschaffte Brunechilde zum Lohn das Bistum
Audicioderum.

## 20.

Im 5. Jahre König Theuderichs erschienen am westlichen
Himmel wiederum dieselben Zeichen, welche man in
dem früheren Jahre gesehen hatte, feurige Kugeln, welche sich am Himmel bewegten, und viele Lanzen von
Feuer.

In demselben Jahr rückten die Könige Theudebert und
Theuderich verbündet gegen König Chlothar ins Feld und
schlugen ihn nicht fern vom Flecken Doromellum am
Fluß Aroanna aufs Haupt. Dann verwüsteten sie, nachdem er mit dem Rest des Heeres entflohen war, die Dör-
fer und Städte in der Sigona, die auf Chlothars Seite ge-

treten waren, zerstörten die Städte und führten eine übergroße Anzahl Gefangener mit fort. Chlothar mußte in
einem eigenen Vertrag alles Land zwischen Liger und
Sigona bis zum Meer und der britannischen Grenze an
Theuderich abtreten; Theudebert erhielt das Herzogtum
des Dentelenus an der Segona und Esera bis zum Meere,
so daß dem Chlothar nur zwölf Gaue zwischen der Eser,
Segona und dem Meere verblieben.

Im 6. Jahre der Herrschaft Theuderichs ward Cautinus,
ein Herzog Theudeberts, ermordet.

## 21.

Im 7. Jahre wurde dem Theuderich von seinem Kebs-
weibe ein Sohn namens Sigybert geboren. Der Patricius
Aegyla ward ohne irgend eine Verschuldung auf Anstiften
der Brunechilde gebunden und getötet, aus keinem andern Grund, als weil sein Vermögen ihre Habsucht reizte.
In demselben Jahre schickten Theudebert und Theuderich ein Heer gegen die Wasken, besiegten sie mit Gottes
Hilfe, unterwarfen sie und machten sie zinspflichtig. Zum
Herzog ward über sie Genialis gesetzt, der sie glücklich
beherrschte.

## 22.

In diesem Jahre wurde der Leichnam des heiligen Victor,
der mit dem heiligen Ursius zu Saloderum den Märtyrertod erlitten hatte, von dem heil. Aeconius, dem Bischof zu

Maurienna, aufgefunden. In einer Nacht wurde ihm in
seiner Stadt im Traum offenbart, er solle sich sofort erheben und nach der Kirche gehen, welche die Königin Side-
leuba vor der Stadt Genava erbaut hatte; in der Mitte der
Kirche sei der Ort bezeichnet, wo der heilige Leib sich
befinde. Und da er eilig nach Genava gezogen war und
mit den heiligen Bischöfen Rusticius und Patricius drei
Tage lang gefastet hatte, erschien in der Nacht ein Licht,
wo dieser herrliche und glänzende Körper lag. In aller
Stille erhoben diese drei Bischöfe unter Tränen und Gebeten den Stein und fanden ihn in einem silbernen Sarg
bestattet; sein Antlitz aber war rötlich, gleich als ob er
lebte. Da war auch der Fürst Theuderich zugegegen, welcher diese Kirche reich beschenkte und ihr den größten
Teil des von Warnachar hinterlassenen Vermögens bestätigte. An dem heiligen Grabe selbst aber erweisen sich
seit jenem Tage, da es gefunden wurde, durch Gottes
Gnade fortwährend große Wunderkrafte tätig. – Der Bischof Aetherius von Lugdunum starb im nämlichen Jahre;
an dessen Statt Secundinus eingesetzt wurde.

## 23.

In demselben Jahre brachte Fogas, der Herzog und Patricius des Reichs, nachdem er siegreich aus Persien zurückgekehrt war, den Kaiser Mauricius ums Leben und riß
selbst die Herrschaft an sich.

## 24.

Im 8. Jahre wurde dem Theuderich von seinem Kebsweib ein Sohn geboren namens Childebert. In Cabillonnum ward eine Synode gehalten, wo auf des Bischofs Aridius von Lugdunum und der Brunechilde Betreiben der Bischof Desiderius von Vienna abgesetzt und Domnolus in seine Stelle eingesetzt, Desiderius aber auf eine Insel verbannt wurde. In demselben Jahre wurde die Sonne verfinstert. In dieser Zeit war Bertoald Hausmeier in Theuderichs Palast, ein Franke von strengen Sitten, weise, fürsichtig, tapfer im Krieg und gegen alle ein Mann von Wort.

Im 9. Jahre ward dem Theuderich von seinem Kebsweib ein Sohn mit Namen Corbus geboren. Protadius, von Geschlecht ein Römer, der bei allen im Palast viel galt und den Brunechilde, die in Unzucht mit ihm lebte, zu Ehrenstellen befördern wollte, wurde nach Herzog Wandalmars Tod zum Patricius in dem Gau der Scotinger und jenseits des Jura gemacht. Bertoald aber wurde, um seinen Tod herbeizuführen, der Sigona entlang bis hinab zum Meer abgeschickt, fiskalische Ansprüche zu verfolgen.

## 25.

Bertoald zog nun mit nur 300 Mann nach diesen Gegenden. Als er nun bis zum Dorf Arelaus gekommen war und daselbst der Jagd oblag, kam es dem Chlothar zu Ohren, und er schickte seinen Sohn Meroeus und seinen Hausmeier Landerich mit einem Heer gegen ihn, und versuchte gegen den Vertrag die meisten Gaue und Städte zwischen Segona und Leger, welche zum Reiche Theuderichs gehörten, an sich zu reißen. Bertoald zog sich bei dieser Nachricht, da er sich zum Widerstand zu schwach fühlte, nach Aurilianes zurück, wo ihn der heilige Bischof Austrenus aufnahm. Landerich belagerte hierauf mit seinem Heer Aurilianes und forderte den Bertoald heraus zur Schlacht. Der antwortete ihm von der Mauer herab: „Wenn du mich erwarten und dein Heer in gehöriger Entfernung lassen willst, so mögen wir beide einen Zweikampf beginnen: der Herr soll dann richten zwischen uns." Aber Landerich schob das hinaus. Da sprach Bertoald weiter: „Jetzt fehlt dir der Mut dazu; aber es werden unsre Heere in Bälde um eurer Taten willen sich in der Schlacht begegnen: wenn dann der Kampf beginnt, so wollen wir beide, ich und du, in scharlachroter Kleidung aus der Linie heraustreten, und dann soll sich erweisen, was jeder von uns wert ist. Und wir wollen einander vor Gott geloben, so zu tun."

## 26.

Das war am Tage des h. Martinus geschehen. Wie aber Theuderich vernahm, daß ein Teil seines Reichs von Chlothar gegen den Vertrag an sich gerissen werde, brach er unverzüglich auf und gelangte mit seinem Heer zu Weihnachten nach Stampä an dem Fluße Loa, wo Meroeus, der Sohn König Chlothars, und Landerich mit einem großen Heere auf ihn stießen. Da die Furt durch den Fluß

sehr schmal war, so hatte kaum der dritte Teil von Theuderichs Heer hinüberkommen können, als das Treffen
begann. Jetzt trat Bertoald, der Verabredung gemäß, hervor und rief nach Landerich. Der wagte es aber nicht, wie
er doch versprochen hatte, sich in den Kampf einzulassen. Da ward Bertoald, der zu weit vor seine Linie her-
ausgetreten war, mit seinem Gefolge von Chlothars Heer
getötet: es war ihm nichts mehr daran gelegen, zu entkommen, seitdem er wußte, er solle durch Protadius von
seiner Würde verdrängt werden. In der Schlacht aber
ward Meroeus, Chlothars Sohn, gefangen genommen,
Landerich in die Flucht geschlagen und ein großer Teil
von Chlothars Heer niedergemacht. Theuderich zog hierauf als Sieger in Paris ein, Theudebert aber schloß mit
Chlothar Friede zu Conpendium. Dann zogen beide
Heere unversehrt nach Hause zurück.

## 27.

Im 10. Jahre der Herrschaft Theuderichs wurde Protadius, wie Brunechilde es wollte, von Theuderich zum
Hausmeier gemacht. Das war ein schlauer und geschäfts-
tüchtiger, dabei aber grausamer und ungerechter Mann,
der es verstand, den königlichen Schatz und daneben auch
den seinigen von dem Vermögen der Untertanen zu be-
reichern. Wer von vornehmem Geschlecht war, den
strebte er zu unterdrücken, damit ihm seine Würde von
niemand entrissen werden könnte. Hierdurch machte er
sich im burgundischen Reiche jedermann zum Feind. Wie
aber Brunechilde unablässig ihrem Enkel Theuderich

anlag, gegen seinen Bruder Theudebert ins Feld zu ziehen, der, wie sie sagte, nicht Childeberts, sondern eines
Gärtners Sohn sei, und wie Protadius ebenfalls dazu riet,
so ließ Theuderich endlich ein Heer ausrücken. Als er
jedoch in Caraciacum lagerte, forderten ihn seine Leute
auf, Frieden mit Theudebert zu schließen, der mit seinem
Heer in geringer Entfernung stand; nur Protadius riet zur
Schlacht. Da fiel bei der nächsten Gelegenheit Theuderichs ganzes Heer über Protadius her: es sei besser, daß
ein einziger Mann sterbe, als daß das ganze Heer in Gefahr komme. Protadius saß gerade im Zelte des Königs
mit dem Leibarzt Petrus beim Brettspiel, als ihn das Heer
umringte. Theuderich, der von seinen Leuten anderswo
zurückgehalten wurde, schickte nun den Uncilenus an das
Heer ab, mit dem Befehl, alsbald von Protadius abzulassen. Uncilenus aber trat sogleich vor das Heer und sprach:
„Theuderich unser Herr befiehlt, den Protadius zu töten."
Da drangen sie von allen Seiten mit dem Schwert in das
königliche Zelt ein und töteten den Protadius. Theuderich aber in seiner Verwirrung machte notgedrungen
Friede mit seinem Bruder Theudebert; und beide Heere
kehrten unversehrt nach Hause zurück.

## 28.

Nach des Protadius Untergang wurde im 11. Jahre von
Theuderichs Herrschaft Claudius, von Geschlecht ein
Römer, Hausmeier, ein kluger, tätiger Mann, ausdauernd,
voll guten Rats und ein angenehmer Erzähler, in den Wissenschaften wohlunterrichtet, treu und jedermanns

Freundschaft suchend. Gewarnt durch die Beispiele, die
er vor sich hatte, verfuhr er mit Milde und ließ sich durch
seine hohe Stellung nicht zum Übermut verleiten. Der
einzige Übelstand war, daß er durch seine Wohlbeleibt-
heit ungemein belästigt wurde.

Im 12. Jahre der Herrschaft Theuderichs wurde auf
Anstiften der Brunechilde dem Uncilenus, der hinterlistig
für des Protadius Tod gesprochen hatte, ein Fuß abge-
hauen und alles, was er besaß, genommen.

## 29.

Den Patricius Vulfus, der den Tod des Protadius mit herbeigeführt hatte, ließ Theuderich, wieder von der Brunechilde dazu getrieben, in Fauriniacum umbringen. Seine
Würde als Patricius ward auf Richomer, einen Römer,
übertragen. In diesem Jahre ward dem Theuderich von
seinem Kebsweib ein Sohn Meroeus geboren, den Chlothar aus der heiligen Taufe hob.

## 30.

In demselben Jahre schickte Theuderich den Bischof Aridius von Lugdunum, den Rocco und den Marschall Aebo-
rinus zu dem König Betterich von Spanien, um für ihn um
dessen Tochter Ermenberga zu werben. Sie erhielten sie
unter dem eidlichen Versprechen, daß sie Theuderich niemals verstoßen werde, und stellten sie dann dem Könige
in Cabillonnum vor, der sie freudig und mit Aufmerk-

samkeit empfing. Aber er pflog keinen ehelichen Umgang
mit ihr, denn seiner Großmutter Brunechilde und seiner
Schwester Theudelane gelang es, sie ihm verhaßt zu machen. Nach einem Jahre schickte er die Ermenberga ihrer
Mitgift beraubt nach Spanien zurück.

### 31.

Betterich, schwer dadurch beleidigt, schickte nun eine Gesandtschaft an Chlothar, dieser mit dem spanischen Gesandten einen andern an Theudebert; Theudeberts Gesandte sodann reisten mit denen Chlothars und Betterichs zusammen zu Ago, dem König von Italien, und diese
vier Könige beschlossen nun einmütig, über Theuderich
herzufallen und ihm Reich und Leben zu nehmen, weil
sie so große Scheu vor ihm hatten. Der Gesandte der
Goten aber kehrte von Italien zu Schiff nach Spanien zurück. Aber aus diesem Plan wurde mit dem Willen Gottes
nichts. Theuderich selbst sah der Sache, wie er davon
Kunde erhielt, mit Verachtung zu.

### 32.

In demselben Jahre ließ Theuderich, dem ruchlosen Rat
des Bischofs Aridius von Lugdunum und seiner Großmutter Brunechilde folgend, den heiligen Desiderius bei
seiner Rückkehr aus der Verbannung steinigen. Aber an
seinem Grabe ließ der Herr von seinem Todestag an fortwährend Wunder geschehen: darum muß man anneh-

men, daß um dieser schlechten Tat willen das Reich Theuderichs und seiner Söhne zerstört wurde.

## 33.

In demselben Jahre wurde in Spanien nach Betterichs Tod Sisebod König, ein weiser und frommer und in seinem ganzen Lande höchlich gelobter Mann; auch stritt er tapfer im Kriege. Er unterwarf die Provinz Cantabria, welche die Franken eine Zeit innegehabt hatten, dem Gotenreich. Der Herzog Francio hatte Cantabria für die fränkischen Könige verwaltet und lange Zeit Abgaben an sie entrichtet. Als aber jetzt Cantabria wieder mit dem Reich vereinigt werden sollte, kamen ihnen die Goten, wie schon erwähnt, zuvor, und zugleich wurden mehrere zum römischen Reich gehörige Städte am Ufer des Meeres von Sisebod erobert und von Grund aus zerstört. Als dabei von seinem Heer viele Römer niedergemacht wurden, sprach Sisebod voll Mitleid: „Ach wie unglücklich bin ich, daß zu meiner Zeit soviel Menschenblut vergossen wird!" Wen er konnte, rettete er vom Tod. Durch ihn ward die Herrschaft der Goten dem Strand des Meeres entlang bis zum Gebirge der Pyrenäen befestigt.

## 34.

Ago der Langobardenkönig heiratete Theudelinde, die Schwester Grimoalds und Gundoalds vom Geschlecht der Franken, mit der sich früher Childebert verlobt hatte. Wie er sie aber nach Brunechildens Rat aufgab, zog Gundoald mit seiner Schwester und allem Vermögen nach Italien und gab Theudelinde dem Ago zur Gemahlin. Gundoald selbst heiratete eine Frau von vornehmem langobardischen Geschlecht, die ihm zwei Söhne, Gundebert und Chairibert, gebar. Der König Ago, der Sohn des Königs Autharis, hatte von Theudelinde einen Sohn Adoald und eine Tochter Gundoberga. Da Gundoald bei den Langobarden ungemein beliebt war, so faßten der König Ago und Theudelinde Argwohn gegen ihn, und als er zu seines Leibes Notdurft auf dem Stuhle saß, wurde er von einem Pfeil getroffen und starb.

## 35.

Im 13. Jahre der Herrschaft Theuderichs. Theudebert hatte eine Frau mit Namen Bilichilde zur Gemahlin, die Brunechilde einst von Handelsleuten gekauft hatte. Da aber Bilichilde eine tüchtige Frau war, die Theudeberts einfältigen Sinn in Ehren ertrug und darum von allen Austrasiern sehr geliebt wurde, so dünkte sie sich um nichts geringer als Brunechilde; vielmehr bewies sie ihr zu wiederholten Malen durch Gesandte ihre Verachtung, wenn ihr von dieser vorgeworfen wurde, wie sie vormals ihre Magd gewesen. Endlich aber wurde, da sie sich mit diesen und anderen Worten durch Botschaften gegenseitig höhnten, um den Frieden zwischen Theuderich und Theudebert herzustellen, eine Zusammenkunft beider Königinnen zwischen dem Colerensischen und Sointensischen Gau verabredet. Aber Bilichilde folgte dem Rate der Austrasier und kam nicht.

## 36.

Im 14. Jahre. [Ganz dem Leben Columbans Kap. 31 bis 32 entnommen.]

## 37.

Im 15. Jahre seiner Regierung ward Theuderich, der nach dem Willen seines Vaters Childebert das Elsaß, wo er aufgezogen worden war, innehatte, von Theudebert mit wildem Krieg überzogen. Darauf ward beschlossen, es solle der Streit beider Könige durch einen Urteilsspruch der Franken in der Burg Saloissa geschlichtet werden. Theuderich erschien daselbst mit 10 000 Mannen, Theudebert aber rückte mit einem großen Heer Austrasier herbei, um eine Schlacht zu liefern. Als nun Theuderich auf allen Seiten von Theudeberts Heer eingeschlossen war, so mußte er sich gezwungen und von Furcht bedrängt dazu entschließen, das Elsaß durch einen festen Vertrag an seinen Bruder abzutreten, ebenso den suggentensischen, turensischen und campanensischen Gau, auf die er noch öfter Ansprüche machte, ganz aufzugeben. Hierauf kehrten beide nach Hause zurück. In derselben Zeit machten die Alamannen einen Einfall in den jenseits des Jura gelegenen aventicensischen Gau und plünderten ihn, bis die Grafen Abbelenus und Herpinus und die übrigen Grafen des Gaus ihnen mit einem Heer entgegenzogen. Beide Teile kamen mit ihren Scharen zur Schlacht bei Wangan; aber die Alamannen blieben Sieger und machten eine beträchtliche Anzahl ihrer Feinde nieder; hierauf verheerten sie den größten Teil des Gebiets von Aventicum mit

Feuer und Schwert, führten eine übergroße Anzahl Menschen in die Gefangenschaft ab und kehrten dann mit Beute beladen nach Hause zurück. Theuderich aber ging, seitdem er diese Unfälle erlitten hatte, beständig mit dem Gedanken um, wie er den Theudebert verderben könnte. In ebendiesem Jahre ward Belechilde von Theudebert ermordet, der dann ein Mädchen mit Namen Theudechilde heiratete.

Im 16. Jahre schickte Theuderich eine Gesandtschaft an Chlothar und ließ ihn wissen, er wolle gegen Theudebert, der sein Bruder nicht sei, zu Felde ziehen; Chlothar möge diesen nicht unterstützen. Wenn er, Theuderich, den Theudebert besiege, so solle er das Herzogtum des Dentelenus, das ihm dieser einst entrissen, wieder zurückbekommen. Wie zwischen Theuderich und Chlothar die Übereinkunft durch Gesandte abgeschlossen war, so ließ Theuderich sein Heer ausrücken.

## 38.

Im 17. Jahre versammelte Theuderich im Maimonat aus allen Provinzen seines Reiches ein Heer zu Lingonä. Von da zog er über Andelaus und die Burg Nasium, die er eroberte, nach der Stadt Toll, die er ebenfalls nahm. Hier stellte sich ihm Theudebert mit dem austrasischen Heer entgegen, und auf dem Blachfeld von Toll kam es zur Schlacht: Theudebert wurde besiegt und von seinem Heer eine große Anzahl tapferer Männer niedergemacht; er selbst floh und gelangte durch das Gebiet von Metz und über den Vosagus nach Köln. Wie ihn Theuderich mit seinem Heer verfolgte, kam der heilige und apostolische Mann, der Bischof Lesio von Mainz, der Theuderichs Tapferkeit liebte und Theudeberts Torheit haßte, vor ihn und sprach: „Vollende, was du begonnen hast. Du mußt den Erfolg deiner Sache so sehr als möglich ausbeuten. Es gibt eine allbekannte Bauernfabel: Der Wolf war einst auf einen Berg gestiegen, da rief er seine Söhne, die schon zu jagen angefangen hatten, zu sich auf den Berg und sprach: „So weit ihr mit euern Augen da herum sehen könnt, habt ihr keine Freunde außer etlichen, die eures Geschlechts sind. Vollendet, was ihr begonnen habt.“ Theuderich kam nun mit seinem Heer über die Ardennen nach Tholbiacus, wo es zu einer zweiten Schlacht mit Theudebert kam, der sich aus Sachsen, Thüringern und andern Völkerschaften, die er von jenseits des Rheins und sonst überallher um sich zu sammeln vermocht hatte, ein neues Heer gebildet hatte. Seit alten Zeiten, sagt man, haben die Franken und die übrigen Völker wohl nirgends so erbittert gestritten. Beide Heere richteten eine solche Metzelei an, daß, wo die Schlachtreihen im Kampf aufeinander stießen, die Körper der Getöteten nicht zur Erde fallen konnten, sondern zwischen den übrigen Leichnamen aufrecht stehenblieben, als lebten sie noch. Indes abermals war nach Gottes Willen Theuderich der Sieger, und von Tolbiacus bis Köln bedeckten Theudeberts Leute, die durch das Schwert des sie verfolgenden Feindes gefallen waren, die Erde. Noch an dem nämlichen Tage traf Theuderich in Köln ein, wo die gesamten Schätze Theudeberts in seine Hände fielen. Von da schickte er seinen Kämmerer Berthar über den Rhein zur Verfolgung Theudeberts, den nur wenige auf seiner Flucht begleiteten.

Berthar holte ihn aber ein und brachte ihn zu Köln vor
Theuderich; der ließ ihn seines königlichen Gewandes ent-
kleiden, schenkte sein Roß mit dem königlichen Sattel-
zeug dem Berthar und ließ dann den Theudebert gefes-
selt nach Cabillonnum bringen. Sein Sohn Merovius, noch
ein zartes Kind, ward auf Theuderichs Befehl an den
Füßen ergriffen und an einem Stein zerschmettert, so daß
das Hirn herausspritzte. Chlothar nahm jetzt der mit
Theuderich getroffenen Übereinkunft gemäß Besitz von
dem Herzogtum des Dentelenus. Darüber ward jedoch
Theuderich, der schon ganz Auster unter seine Herrschaft
gebracht hatte, so erbittert, daß er gegen Chlothar ins
Feld rückte.

Im 18. Jahre ließ Theuderich sein Heer von Auster und
Burgund ausziehen, nachdem er zuvor dem Chlothar
durch eine Gesandtschaft hatte sagen lassen, er solle das
Herzogtum des Dentelenus ganz und gar räumen, sonst
werde das Heer Theuderichs von allen Seiten sein Reich
anfallen, das möge er wissen. Und so geschah es auch.

## 39.

Schon war Theuderich mit seinem Heer gegen Chlothar
ausgezogen, als er noch in demselben Jahre zu Metz am
Durchfall starb. [Die Ursache seines Todes war aber dies:
als Theoderich nach dem Tode seines Bruders mit vieler
Beute und der Tochter Theodeberts heimgekehrt war, sah
er seine Nichte an, fand, daß sie schön war und wollte sie
zu Frau haben. Da sprach Brunichilde zu ihm: „Wie
kannst du die Tochter deines Bruders heiraten?" Er aber

erwiderte: „Hast du mir nicht gesagt, es sei nicht mein
Bruder?" und wollte sie mit dem Schwert, das er schon
gegen sie gezückt hatte, umbringen. Nur mit Mühe wurde
sie von einigen vornehmen Männern vor ihm gerettet,
aber seitdem tödlich von ihm gehaßt. Da mischte sie ihm
einen Trank mit Gift und ließ ihn durch einen Diener ihm
reichen. Theoderich trank ihn ohne es zu wissen und
seitdem siechte er lange, bis er starb. Seine noch unmündigen Kinder tötete Brunichilde selbst.] Sofort kehrte das
Heer nach Hause zurück, Brunechilde aber blieb mit den
vier Söhnen Theuderichs, Sigybert, Childebert, Corbus
und Meroeus, in Metz, um den Sigybert auf seines Vaters
Thron zu setzen.

## 40.

Indes rückte jedoch Chlothar, von Arnulf, Pippin und andern Großen dazu aufgefordert, in Auster ein. Wie er
schon zu Antonnacum war, schickte Brunechilde von
Worms aus, wo sie sich mit Theuderichs Söhnen aufhielt,
den Chadoind und Herpo als Gesandte an Chlothar und
ließ ihn auffordern, das Reich Theuderichs, das dessen
Söhnen gehöre, zu räumen. Chlothar verwies in seiner
Antwort auf ein Gericht auserlesener Franken und versprach nach deren Urteilsspruch zu handeln. Brunechilde
schickte nun den Sigybert, Theuderichs ältesten Sohn,
mit dem Hausmeier Warnachar, mit Alboenus und andern Großen nach Thoringien, um die überrheinischen
Völkerschaften zum Widerstand gegen Chlothar aufzu-
fordern. Hinter ihnen her aber sandte sie einen Boten ab

an Alboenus mit dem schriftlichen Befehl, er mit den
übrigen solle den Warnachar, der zu Chlothar übergehen
wolle, ums Leben bringen. Wie Alboenus diesen Brief
gelesen hatte, zerriß er ihn und warf ihn auf den Boden.
Aber der Diener Warnachars fand ihn und zog ihn auf
einer mit Wachs bestrichenen Tafel wieder auf. So wurde
er von Warnachar gelesen; und wie der nun sah, daß sein
Leben in Gefahr stehe, so fing er an, darauf zu sinnen,
wie er die Söhne Theuderichs verderben und den Chlothar auf den Thron erheben könne. Er machte also die
Völkerschaften, die er schon zur Hilfe aufgerufen hatte,
insgeheim von Brunechilde und den Söhnen Theuderichs
wieder abspenstig. Hierauf kehrten sie alle mit Brunechilde und den Söhnen Theuderichs nach Burgund zurück und boten durch Abgesandte im ganzen Auster die
Mannschaft zum Krieg auf.

## 41.

In Burgund aber wurde Brunechilde von den Baronen,
den Bischöfen sowohl als den übrigen Leuten gefürchtet
und gehaßt. Darum verschwuren sich diese mit Warnachar, es sollte nicht einer von Theuderichs Söhnen entkommen, sondern alle sterben, auch die Brunechilde
wollten sie umbringen und sich für Chlothars Herrschaft
erklären. Und so geschah es auch, als das burgundische
und austrasische Heer auf Brunechildens und Sigyberts
Befehl gegen Chlothar auszog.

## 42.

Wie Sigybert in Campanien in das Gebiet von Catalaunum an den Fluß Axona kam, so hatte Chlothar, der ihm daselbst mit seinem Heer entgegentrat, durch des Hausmeiers Warnachar Umtriebe schon viele Austrasier auf seiner Seite, besonders den Patricius Aletheus und die Herzoge Rocco, Sigoald und Eudila. Als es zum Treffen kommen sollte, kehrte Sigyberts Heer, noch ehe der Streit begonnen hatte, auf ein gegebenes Zeichen um und nach Hause zurück. Chlothar zog jetzt, wie es verabredet war, langsam hinter dem Heer her, bis an den Fluß Arar oder Sauconna. Die drei Söhne Theuderichs, Sigybert, Corbus und Meroeus, den er einst aus der Taufe gehoben hatte, fielen in Chlothars Hände, Childebert entkam durch die Flucht und erschien niemals wieder. Das austrasische Heer kehrte jetzt unverletzt heim. Der Hausmeier Warnachar aber brachte es in Verbindung mit fast allen burgundischen Großen dahin, daß Brunechilde, die sich mit Theuderichs Schwester Theudilane nach der Stadt Orba jenseits des Jura geflüchtet hatte, von dem Marschall Erpo ergriffen und in dem Flecken Rionava an der Vincenna vor Chlothar gebracht wurde. Sigybert und Corbus, die Söhne Theuderichs, wurden auf Chlothars Befehl umgebracht; den Meroeus, den er als sein Patenkind liebte, ließ er insgeheim nach Neptricum zum Grafen Ingebod bringen, wo er noch mehrere Jahre lebte. Wie Brunechilde vor Chlothar, der sie tödlich haßte, erschien, rechnete er ihr vor, wie zehn Frankenkönige durch ihre Schuld ermordet worden seien, nämlich Sigybert und Meroeus und sein eigener Vater Chilperich, Theudebert und des-

sen Sohn Chlothar, ebenso Meroeus, Chlothars Sohn,
endlich Theuderich und seine drei Söhne, die soeben umgebracht worden waren. Dann ließ er sie drei Tage lang
auf verschiedene Weise martern, dann zuerst auf ein
Kamel setzen und so durch das gesamte Heer führen,
hierauf mit dem Haupthaar, einem Arm und einem Fuß
an den Schwanz des wildesten Pferdes binden, und so
ward sie von den Hufen des davonsprengenden Tieres
zerschlagen, bis ihr Glied für Glied abfiel. Warnachar
wurde zum Hausmeier von Burgund erhoben und ihm
von Chlothar das eidliche Versprechen gegeben, ihn zeit-
lebens nicht abzusetzen. In Auster erhielt diese Würde
Rado. So ward das Frankenreich wieder befestigt und,
wie es einst der ältere Chlothar beherrscht hatte, die
ganze Macht durch den jüngeren Chlothar vereinigt, der
im Frieden mit allen Nachbarvölkern 16 Jahre lang regierte. Dieser Chlothar war ohne Übermut, in den Wissenschaften unterrichtet, gottesfürchtig, beschenkte reichlich Kirchen und Priester, gab Almosen den Armen und
bewies sich milde und voll Güte gegen alle. Der Jagd war
er mit Eifer ergeben; zuletzt lieh er den Einflüsterungen
von Weibern und Dirnen zu sehr sein Ohr, worüber er
von seinen Leuten viel Tadel erfuhr.

## 43.

Im 30. Jahre seiner Regierung fielen dem Chlothar die
Reiche Auster und Burgund zu. Sogleich setzte er an die
Stelle des Eudila den Franken Herpo zum Herzog jenseits
des Jura ein. Dieser förderte mit Eifer in seinem Gau den

Frieden und unterdrückte die Anschläge der Bösen; darüber aber bildete sich eine Verschwörung gegen ihn, und er ward auf Anstiften des Patricius Aletheus, des Bischofs Leudemund und des Grafen Herpinus von Leuten seines eigenen Gaues in einem frechen Aufstand umgebracht. Während sich Chlothar mit der Königin Bertetrud auf dem elsaßischen Hofgut Marolegia aufhielt, ließ er, um den Frieden zu wahren, viele Übeltäter mit dem Schwert hinrichten.

## 44.

Leudemund, der Bischof von Sedunum, erschien heimlich bei der Königin Bertetrud und eröffnete ihr nach dem Anschlag des Patricius Aletheus ganz schändliche Dinge; Chlothar werde jedenfalls noch in diesem Jahr aus der Welt scheiden, sie möge darum so weit es ihr möglich den königlichen Schatz in aller Stille nach seiner Stadt Sedunum schaffen lassen, da dies der sicherste Ort sei. Aletheus sei bereit, sein Weib zu verstoßen und die Königin Bertetrud zu heiraten, und da er dem burgundischen Königshaus angehöre, könne er nach Chlothar sich selbst auf den Thron setzen. Wie das die Königin vernahm, so brach sie in der Furcht, es möchte das alles wahr sein, in Tränen aus und eilte in ihre Kammer. Als nun Leudemund sah, daß er durch seine Worte in große Gefahr komme, floh er in der Nacht nach Sedunum und von da heimlich weiter nach Lussovium zu dem Abt Austasius. Als es später dem Abt gelang, ihn seines Vergehens wegen bei dem Herrn Chlothar zu entschuldigen, kehrte er nach

seiner Stadt zurück. Chlothar ließ, als er zu Masolacum
mit seinen Großen Hof hielt, den Aletheus vor sich kommen und ihn, nachdem er seines verbrecherischen An-
schlags überwiesen war, durchs Schwert hinrichten.

Im 33. Jahre seiner Herrschaft berief Chlothar den
Hausmeier Warnachar mit den gesamten Bischöfen und
den Baronen von Burgund zu sich nach dem Hofgut Bo-
nogillum und gab daselbst allen ihren gerechten Wünschen Gehör, und verlieh seinen Bewilligungen Gesetzes-
kraft.

## 45.

Nun will ich berichten, wie das Volk der Langobarden an
die Franken einen Jahreszins von 12000 Schillingen entrichten mußte, und wie es kam, daß die zwei Städte Agusta und Siusium mit ihrem Gebiet zum fränkischen Reich
geschlagen wurden. Nach dem Tod ihres Fürsten Clep
blieben die langobardischen Herzoge zwölf Jahre hindurch ohne König. Während dieser Zeit machten sie
einen Einfall ins Frankenreich, wofür sie dann, als es zu
Friedensunterhandlungen kam, die Städte Agusta und
Siusium mit deren gesamtem Gebiet und Volk an König
Gunthramn abtreten mußten. Hierauf schickten die zwölf
Herzoge je einen Gesandten zu dem Kaiser Mauricius
nach Konstantinopel ab und baten ihn um Frieden und
seine Oberherrlichkeit. Zugleich schickten sie zwölf Gesandte an Gunthramn und Childebert, erbaten sich die
Oberherrlichkeit und den Schutz der Franken und versprachen, dafür an die beiden Könige jährlich einen Tri-

but von 12 000 Schillingen zu entrichten und das Ametegi-
stal an Gunthramn abzutreten. Durch diese Gesandten
wollten sie sich den Schutz sichern, wo es am besten
passe. Darauf aber erwählten sie mit voller Hingebung
den Schutz der Franken. Bald nachher erhoben sie mit
Gunthramns und Childeberts Erlaubnis den Herzog Authar auf den königlichen Thron. Ein anderer Herzog Authar aber begab sich mit seinem ganzen Herzogtum unter
die Herrschaft des Kaisers und verblieb darunter. Nach
König Authars Tode, welcher den gelobten Jahreszins den
Franken entrichtete, ward sein Sohn Ago König, der
ebenso tat.

Im 35. Jahre von Chlothars Herrschaft wurden von dem
König Ago drei vornehme Langobarden, Aghyulf, Pom-
pegius und Gauto, an Chlothar abgesandt mit der Bitte,
den Anspruch auf jene 12 000 Schillinge, die sie jährlich
an die Franken entrichteten, aufzugeben; dabei waren sie
so klug, insgeheim dem Warnachar, Gundeland und
Chucus je 1000 Schillinge auszuzahlen; zugleich gaben sie
dem Chlothar 36 000 Schillinge. So nun ließ Chlothar
nach dem Rat der genannten Männer, die heimlich beschenkt worden waren, die Ansprüche auf den langobardischen Jahreszins fahren, und schloß durch Urkunden
und Eide mit den Langobarden einen Freundschaftsbund
für ewige Zeiten.

## 46.

In demselben Jahre starb die Königin Bertetrud, die Chlothar zärtlich geliebt hatte; auch bei allen seinen Mannen
war sie wegen ihrer Güte sehr beliebt gewesen.

## 47.

Im 39. Jahre machte Chlothar seinen Sohn Dagobert zum
Mitregenten und setzte ihn als König über Austrasien,
wovon er den Teil für sich behielt, welchen die Ardennen
und Vogesen nach Neustrien und Burgund zu ausschie-
den.

## 48.

Im 40. Jahre verband sich ein gewisser Samo, ein geborener Franke aus dem senonagischen Gau, mit mehreren
Kaufleuten und zog in Handelsgeschäften zu den Sklaven,
die man Wineder nennt. Die Sklaven hatten damals bereits angefangen, gegen die Avaren, die den Beinamen
Chunen führen, und deren König Gagan sich zu empören. Schon von alten Zeiten her wurden die Wenden von
den Chunen als sogenannte Befulci gebraucht, so daß,
wenn die Chunen gegen irgend ein Volk ins Feld zogen,
sie selbst sich vor dem Lager aufstellten, die Wenden
aber kämpfen mußten. Siegten nun diese, so rückten die
Chunen vor, um Beute zu machen; unterlagen jedoch die
Wenden, so sammelten sie auf der Chunen Hilfe gestützt
neue Kräfte. Darum wurden sie Befulci von den Chunen
genannt, weil sie vor ihnen einherzogen und im Treffen
einen doppelten Kampf bestanden. Jedes Jahr kamen die
Chunen zu den Sklaven, um bei ihnen zu überwintern;
dann nahmen sie die Weiber und Töchter der Sklaven
und schliefen bei ihnen, und zu den übrigen Mißhandlungen mußten die Sklaven den Chunen noch Abgaben zah-

len. Die Söhne der Chunen aber, die diese mit den Weibern und Töchtern der Wenden erzeugt hatten, ertrugen
endlich diesen Druck nicht mehr, verweigerten den Chunen den Gehorsam und begannen, wie schon erwähnt,
eine Empörung. Wie nun das wendische Heer gegen die
Chunen auszog, so begleitete jener Handelsmann Samo
dasselbe. Da erprobte sich dessen Tapferkeit gegen die
Chunen auf eine wunderbare Weise und eine ungeheure
Menge Chunen fielen durch das Schwert der Wenden.
Als diese nun die Tapferkeit Samos erkannt hatten, wählten sie ihn zu ihrem König, und er herrschte 35 Jahre lang
glücklich. Mehrere Schlachten lieferten die Wenden unter
seiner Regierung gegen die Chunen, und jedesmal blieben sie durch sein Verdienst Sieger. Samo hatte 12 wendische Weiber, mit denen er 22 Söhne und 25 Töchter
erzeugte.

## 49.

In demselben 40. Jahre Chlothars empfing der Langobardenkönig Adloald, der seinem Vater Ago in der Herrschaft gefolgt war, sehr huldvoll den Eusebius, den Gesandten des Kaisers Mauricius, der mit schlauer Absicht
zu ihm gekommen war. Adloald wurde einmal im Bade
von diesem Eusebius ich weiß nicht mit welchen Salben
gesalbt, und seitdem konnte er nichts mehr tun, als was
ihm Eusebius riet. Da wurde er von diesem überredet,
alle langobardischen Vornehmen und Großen umbringen
zu lassen und dann sich mit dem ganzen Volk der Langobarden dem Kaiser zu unterwerfen.

## 50.

Wie er nun bereits zwölf mit dem Schwert hatte hinrichten lassen, ohne daß sie irgendetwas verschuldet hatten, so sahen die übrigen, daß ihr Leben in Gefahr stehe, und es wurde nach dem Beschluß aller vornehmsten Langobarden Charoald, der Herzog von Taurinum, der eine Schwester König Adloalds mit Namen Gundeberga zur Frau hatte, zum König erwählt, Adloald aber durch Gift umgebracht. Einer der langobardischen Herzoge jedoch, Taso, der die Provinz Tuskana verwaltete, begann in seinem Übermut gegen König Charoald eine Empörung.

## 51.

Die Königin Gundeberga wurde von allen geliebt, denn sie war schön von Angesicht, gütig gegen jedermann, voll Sanftmut, von christlichem Sinn und freigebig mit Almosen. Nun war da ein gewisser Adalulf, ein Langobarde von Geburt, der sich im Dienst des Königs beständig am Hofe aufhielt: wie der einstmals zu der Königin kam und so vor ihr stand, sprach Gundeberga, die gegen ihn wie gegen alle freundlich war, Adalulf sei ein Mann von schöner Gestalt. Wie der dies hörte, flüsterte er ihr ins Ohr: „Du hast meine Gestalt des Lobes gewürdigt, laß mich dein Bett teilen." Aber sie schlug ihm das mit starken Worten ab und spuckte ihm voll Verachtung ins Gesicht. Adalulf sah nun, daß sein Leben in Gefahr stehe, lief eilig zum König Charoald und bat ihn um eine geheime Unterredung. Als ihm diese bewilligt ward, sprach er zum

König: „Meine Herrin, die Königin Gundeberga, hat sich
vor drei Tagen insgeheim mit dem Herzog Taso beredet,
daß sie dich mit Gift umbringen, ihm dann ihre Hand
geben und ihn auf den Thron erheben wolle." Der König
Charoald glaubte diesen Lügen und stieß Gundeberga in
einen Turm der Burg Caumellum. Da schickte aber Chlothar Gesandte an den König Charoald und ließ ihn fra-
gen, aus welcher Ursache er die Königin Gundeberga,
eine Verwandte der Franken, so erniedrigt habe. Charoald antwortete hierauf mit jenen Lügen, als enthielten
sie die Wahrheit. Da sprach einer der Gesandten mit
Namen Ansoald, nicht als wäre ihm dies aufgetragen worden, sondern aus eigenem Trieb, zu Charoald: „Du könn-
test die Verleumdung in dieser Sache leicht aufdecken.
Befiehl jenem Menschen, der solches dir angezeigt hat,
sich zu wappnen, und ein anderer soll für die Königin
Gundeberga auftreten, jeder zum Zweikampf gerüstet. So
werde beim Streit dieser beiden durch ein Gottesgericht
erkannt, ob mit Unrecht ein solcher Vorwurf gegen Gundeberga erhoben wurde, oder ob sie vielleicht schuldig
ist." Dieser Vorschlag fand bei dem König und allen Großen seines Palastes Beifall, und Charoald befahl demnach
dem Adalulf, gewappnet zum Kampf hervorzutreten; für
Gundeberga stellte sich ein gewisser Pitto zum Kampf
gegen Adalulf. Wie sie nun im Streite aneinander gerieten, ward Adalulf von Pitto erschlagen. Und sofort wurde
Gundeberga nach dreijähriger Verbannung auf den Thron
zurückgeführt.

## 52.

Im 41. Jahre König Chlothars, als Dagobert bereits zum
Heil des Landes in Auster herrschte, fiel auf die Anklagen
des heiligen Priesters Arnulf und des Hausmeiers Pippin
und anderer austrasischer Großer Chrodoald, ein vornehmer Mann aus dem edlen Geschlecht der Ayglolfin-
ger, in Dagoberts Ungnade. Dieser Chrodoald besaß großen Reichtum, war aber dabei begierig nach fremdem
Gut, voll Stolz und Hochmut und nichts Gutes ward an
ihm erfunden. Als ihn jetzt Dagobert um Übeltaten willen
wollte töten lassen, floh Chrodoald zu Chlothar und bat
ihn, sein Leben zu schützen. Bei dem nächsten Zusam-
mentreffen mit Dagobert legte Chlothar unter den übrigen Besprechungen seine Bitte für Chrodoald ein. Dagobert versprach auch, Chrodoald solle nicht weiter gefähr-
det sein, wenn er nur wiedergutmachen wolle, was er
verbrochen habe. Aber unmittelbar darauf wurde Chrodoald, als er mit Dagobert nach Trier kam, auf dessen
Befehl getötet: ein gewisser Berthar von Scarpona hieb
ihn an der Tür seines Schlafgemachs nieder.

## 53.

Im 42. Jahre König Chlothars kam Dagobert auf Befehl
seines Vaters in königlichem Aufzug mit seinen Leuten
nach Clippiacum bei Paris und vermählte sich daselbst
mit Gomatrud, der Schwester der Königin Sichilda. Am
dritten Tag nach der Hochzeit kam es zwischen Chlothar
und seinem Sohn Dagobert zu heftigem Streit: Dagobert

verlangte nämlich, alles was zum Königreich der Austrasier gehörte, unter seine Herrschaft zu bekommen; Chlothar aber schlug ihm das mit Heftigkeit ab und wollte
nichts an ihn abtreten. Es wurden endlich von beiden
Königen zwölf Franken zu Schiedsrichtern ernannt. Darunter war auch Arnulf, der Bischof von Metz, mit andern
Bischöfen und redete, wie er denn frommen und ver-
söhnlichen Sinnes war, dem Frieden und der Eintracht
zwischen Vater und Sohn das Wort. Endlich ward von den
Geistlichen und den Weisesten unter den Großen Friede
zwischen beiden vermittelt: Chlothar trat seinem Sohn
alles Gebiet ab, was zum Reich der Austrasier gehörte,
und behielt hinfort nur dasjenige Gebiet, welches jenseits
des Leger und in der Provinz lag, unter seiner Herrschaft.

## 54.

Im 43. Jahre König Chlothars starb der Hausmeier Warnachar, worauf sein leichtsinniger Sohn Godinus noch
desselben Jahres seine Stiefmutter Berta heiratete. Darüber erhob sich der Zorn des Königs Chlothar gegen ihn
in großer Wut, und er befahl dem Herzog Arnebert, der
des Godinus Schwester zur Frau hatte, ihn mit Heeresmacht umzubringen. Als Godinus sah, daß seinem Leben
Gefahr drohe, floh er mit seinem Weibe nach Auster zu
König Dagobert und flüchtete sich aus Furcht vor dem
König in die Kirche des heiligen Aper. Dagobert verwandte sich nun mehrmals für ihn durch Gesandte bei
Chlothar, bis dieser endlich versprach, dem Godinus das
Leben zu schenken, wenn er die Berta, welche er gegen

die Kirchengesetze zum Weibe genommen hatte, verlassen wolle. Dies tat er denn auch und kehrte darauf nach Burgund zurück. Berta aber machte sich unverzüglich auf zu Chlothar und sprach, wenn Godinus vor ihm erscheine, so komme er mit der Absicht, ihn zu ermorden. Chlothar ließ nun den Godinus zu den vorzüglichsten Stätten von Heiligen führen, nach Soissionä zu der des Herrn Medardus und nach Paris zu der des Herrn Dionysius, um daselbst zu schwören, daß er dem Chlothar immer treu sein wolle. Das geschah aber nur in der Absicht, eine geschickte Gelegenheit zu finden, um ihn von seinen Leuten zu trennen und umzubringen. Chramnulf, einer der Großen, und Waldebert, der Domesticus, sprachen nun zu Godinus, er solle auch noch zu der Kirche des heiligen Anianus in Aurilianis und nach Turonos zum heiligen Martinus gehen und daselbst sein Gelübde ablegen. Als er nun in die Nähe von Carnotum kam und in einem Hofe sein Frühstück einnehmen wollte, fielen Chramnulf und Waldebert mit gehöriger Mannschaft über ihn her und erschlugen ihn und einige seiner Begleiter, welche noch bei ihm geblieben waren; die übrigen flohen ausgeplündert von dannen.

In demselben Jahre wurden Palladius und sein Sohn Sidocus, der Bischof von Aelosa, auf die Anklage des Herzogs Aighyna hin, daß sie um die Empörung der Wasken gewußt hätten, in die Verbannung geschickt. Boso, des Audolenus Sohn aus dem Gau von Stampä, wurde auf Chlothars Befehl, der ihm unzüchtigen Umgang mit der Königin Sichilda vorwarf, vom Herzog Arnebert umgebracht. In demselben Jahre versammelte Chlothar die Großen und die Leute von Burgund in Trecassis und fragte bei ihnen an, ob sie nach dem Hintritt Warnachars einem andern seinen Ehrenplatz übertragen wollten. Aber alle erklärten einmütig, sie wollten keinen Hausmeier wählen, und baten den König inständig, er möge in seiner Huld fernerhin unmittelbar sie regieren.

## 55.

Im 44. Jahre König Chlothars hatten sich die Geistlichkeit und sämtliche Große seines Reichs aus Neustrien wie aus Burgund in Clippiacus um Chlothar zum Nutzen des Königs und zum Wohl des Vaterlandes versammelt: da wurde Ermar, der Hofmeister Chairiberts, des Sohnes Chlothars, von den Dienern des Aeghyna, eines edeln Sachsen, erschlagen; darüber wäre es leicht zu einem großen Blutvergießen gekommen, hätte sich nicht Chlothar ins Mittel gelegt und es verhindert. Aeghyna setzte sich nach Chlothars Willen mit einer bedeutenden Anzahl streibarer Männer auf dem Mons Mercore fest; da wollte Brodulf, der Bruder von Chairiberts Mutter, von allen Seiten her mit Chairibert und zahlreicher Mannschaft über ihn herfallen. Jedoch Chlothar gab den burgundischen Baronen besonders den Befehl: welche Partei sich an seinen Urteilsspruch nicht kehren wolle, deren Bezwingung sollten sie sich angelegen sein lassen. Aus Furcht davor wurden beide Teile durch das königliche Wort wieder zur Ruhe gebracht.

## 56.

Im 46. Jahre seiner Regierung starb Chlothar und ward
in der vor Paris gelegenen Kirche des heiligen Vincentius
begraben. Als Dagobert erfuhr, daß sein Vater gestorben
sei, befahl er allen seinen Leuten in Auster, ins Feld zu
rücken. Zugleich schickte er Boten nach Burgund und
Neustrien, um seine Wahl zum König zu betreiben. Wie
er nun nach Remus gekommen war und sich Soissionä
näherte, kam ihm die Nachricht zu, daß die gesamte
Geistlichkeit und alle Leute des burgundischen Reichs
sich ihm unterworfen hätten; auch der größte Teil der
geistlichen und weltlichen Großen Neustriens, hörte man,
hätten seine Herrschaft verlangt. Dagegen bemühte sich
sein Bruder Chairibert, wo möglich für sich die Krone zu
behaupten, aber bei seinem beschränkten Geist hatten
seine Bestrebungen wenig Erfolg. Brodulf zwar versuchte,
seinen Neffen auf dem Throne zu befestigen und begann
gegen Dagobert Umtriebe zu machen, jedoch, wie das
Ende bewies, ohne Erfolg.

## 57.

Wie nun Dagobert das ganze Reich Chlothars, des neptri-
schen wie des burgundischen Teils, und dazu den gesamten Schatz in Besitz genommen hatte, so ließ er sich endlich durch Mitleid bewegen, dem Rat verständiger Männer zu folgen, und trat seinem Bruder Chairibert die Gaue
und Städte jenseits des Leger bis zur spanischen Grenze,
die von Waskonien und den Pyrenäen gebildet wurde, ab,

was ihm ein hinlängliches Auskommen für seinen Haushalt sicherte. Den tholosanischen, cathorcinischen, agenninsischen, petrocorischen und santonischen Gau und was von da nach den Pyrenäen zu gelegen ist, überließ er dem Chairibert zu regieren, fügte aber noch die Bedingung hinzu, daß Chairibert von nun an keine weiteren Ansprüche auf das väterliche Reich gegen Dagobert erhebe. Chairibert wählte Tholosa zu seinem Sitz und herrschte in einem Teil Aquitaniens. Drei Jahre nach seinem Regierungsantritt überzog er aber ganz Waskonien mit Krieg und brachte es unter seine Herrschaft, wodurch er die Grenzen seines Reichs wenigstens etwas erweiterte.

## 58.

Als Dagobert bereits im 7. Jahre den größten Teil von seines Vaters Reich beherrschte, wie ich oben berichtet habe, betrat er Burgund. Bei seiner Ankunft kam solche Furcht über die Geistlichkeit, die Großen und die übrigen Leute des burgundischen Reichs, daß man sich allgemein verwundern mußte, die Armen aber, die keine Ungerechtigkeit begingen, freuten sich sehr. Wie er nun in der Stadt Lingonä war, richtete er über alle seine Leute, Hohe wie Niedere, mit Gerechtigkeit, so daß es Gott wohlgefällig erscheinen mußte; da galt keine Bestechung, kein Ansehen der Person, sondern die Gerechtigkeit allein regierte, die der Höchste liebt. Hierauf zog er nach Divio und verweilte selbst in Latona einige Tage: soviel lag ihm daran, Gerechtigkeit zu üben gegen alles Volk in seinem ganzen Reich. Erfüllt von diesem frommen Verlangen versagte er seinen Augen Schlaf, Speise seinem Mund, mit dem größten Eifer immer nur darauf bedacht, daß allen Recht würde und sie frohen Mutes von ihm gingen. An demselben Tag, da er von Latona nach Cabillonnum aufbrach, ging er noch ehe es Tag wurde in ein Bad und befahl dabei, den Brodulf, den Oheim seines Bruders Chairibert, zu töten, was von den Herzogen Amalgar und Arnebert und dem Patricius Willibad ausgeführt wurde. Von Cabillonnum, wo er fortfuhr, aus Liebe zur Gerechtigkeit, was er begonnen hatte, auszuführen, zog er dann über Agustedunum, Autecioderum, Senonä nach Paris; hier verstieß er auf dem Hofgut Romiliacus, wo er sie vormals geheiratet hatte, die Königin Gomatrud, worauf er dann die Nantechilde, eins von den Kammermädchen, zum Weibe nahm und es zur Königin machte. Von seinem Regierungsantritt an bis auf diese Zeit waren vorzüglich Arnulf, der heilige Bischof von Metz, und der Hausmeier Pippin seine Ratgeber; und so glücklich führte er in Auster die Herrschaft, daß er bei allen Völkern in großem Lobe stand. Und solche Furcht hatte er bei ihnen erweckt, daß sie in Demut sich seiner Herrschaft unterwarfen, und sogar die Völkerschaften, die an den Grenzen der Avaren und Sklaven wohnen, von freien Stücken ihn ersuchten, zu ihnen zu kommen. Er hoffte auch zuversichtlich, die Avaren und Sklaven und die übrigen Völker bis zu den Grenzen des Römischen Reichs seiner Herrschaft noch zu unterwerfen. Nachdem der heilige Arnulf sich in die Einsamkeit zurückgezogen hatte, waren der Hausmeier Pippin und Chunibert, der Bischof von Köln, seine Ratgeber. Und mit so großem Glück und Eifer für Gerechtigkeit herrschte er über die ihm unterworfenen Völker, bis er,

wie oben erwähnt, nach Paris kam, daß er mit seinem
Ruhm alle Frankenkönige vor ihm überstrahlte.

### 59.

Als Dagobert im 8. Jahre seiner Regierung in königlicher
Pracht Auster durchzog, legte er sich ein Mädchen namens Ragnetrud bei, das ihm noch in demselben Jahre
einen Sohn Sigybert gebar.

### 60.

Hierauf kehrte er nach Neustrien zurück und beschloß,
aus Liebe zu dem Wohnort seines Vaters Chlothar seinen
bleibenden Sitz da zu nehmen. Aber er vergaß alle Gerechtigkeit, die er vormals geliebt hatte, in seiner Gier
nach dem Gut der Kirchen und der Untertanen, und
suchte mit erfinderischer Habsucht auf alle Weise neue
Schätze anzusammeln. Der Wollust war er ganz unmäßig
ergeben, er hatte drei Königinnen und sehr viele Kebsweiber. Die Königinnen hießen Nantechilde, Vulfegundis
und Berchildis; der Kebsweiber aber waren zu viel, um
ihre Namen in dieser Chronik aufzuführen. Also wandte
sich sein Herz, und seine Gedanken kehrten sich von Gott
ab; später jedoch – und möchte ihm das doch wahren
Gewinn gebracht haben – gab er den Armen reichliche
Almosen, und wenn er nicht in die Netze der Wollust
verstrickt gewesen wäre, so würde er das Himmelreich
verdient haben.

## 61.

Da seufzten nun Dagoberts Leute über seine Schlechtig-
keit. Pippin aber war weiser als die übrigen alle, voll
guten Rates, unerschütterlich treu, von allen geliebt wegen
seines Eifers um die Gerechtigkeit, zu der er auch den
Dagobert anhielt, solange dieser auf seinen Rat hörte; er
wich nicht ab vom Wege der Tugend und verließ nicht
den Pfad der Gerechtigkeit, sondern benahm sich klug
und vorsichtig in allen Dingen, wenn er um den König
war. Dadurch aber regte er den Haß der Austrasier heftig
gegen sich auf, so daß sie ihn bei Dagobert zu verdächti-
gen suchten, um seinen Tod herbeizuführen. Aber seine
Gerechtigkeitsliebe und Gottesfurcht bewahrten ihn vor
dem Übel. In demselben Jahre reiste er mit Sigybert,
Dagoberts Sohn, zu König Chairibert.

## 62.

Chairibert kam nach Auriliani und hob daselbst den Sigybert aus der Taufe. Aega aber war vor andern Neustrasiern beständig im Rate Dagoberts. In diesem Jahre kehrten dessen Gesandte Servatus und Paternus, die an den
Kaiser Aeraklius nach Konstantinopel geschickt worden
waren, heim und verkündeten, daß sie mit Aeraklius
einen ewigen Bund abgeschlossen hätten. Die Wunderta-
ten aber, die Aeraklius ausführte, darf ich hier nicht
verschweigen.

## 63.

Aeraklius war Patricius sämtlicher afrikanischer Provinzen, als Fogas, der den Kaiser Mauricius grausam ermordet hatte, die angemaßte Herrschaft auf die schändlichste Weise führte und wie wahnsinnig große Schätze ins Meer versenkte, indem er sagte, er wolle dem Neptun Geschenke darbringen. Wie nun die Senatoren sahen, daß er in seiner Torheit das Reich zugrunde richten wolle, so ergriffen sie ihn auf des Aeraklius Betrieb, hieben ihm Hände und Füße ab und warfen ihn dann mit einem Stein am Hals ins Meer. Aeraklius ward nun mit Zustimmung des Senats auf den Thron erhoben.

## 64.

Während der Herrschaft des Mauricius und Fogas waren viele Provinzen des Reichs durch die Einfälle der Perser verwüstet worden. Jetzt zog in gewohnter Weise abermals der persische Kaiser mit seinem Heer gegen den Kaiser Aeraklius heran. Überall verheerten sie auf ihrem Weg das Land, bis sie nach der Stadt Calcedon unweit Konstantinopel kamen und sie niederbrannten. Hierauf zogen sie vor Konstantinopel selbst, die Hauptstadt des Kaiserreichs, und wollten auch diese zerstören. Aeraklius aber rückte mit seinem Heer aus ihnen entgegen und ließ durch Gesandte den Kaiser der Perser, der Cosdroes hieß, zum Zweikampf auffordern: ihre beiderseitigen Heere sollten in der Ferne bleiben; wem dann der Höchste den Sieg verleihe, dem sollte des Besiegten ganzes Reich und

Herrschaft zufallen. Der Kaiser der Perser versprach dieser Übereinkunft gemäß, zum Zweikampf zu erscheinen.
Aeraklius legte also seine Waffen an, ließ die Schlacht-
reihe der Seinigen hinter sich, und zog als ein zweiter
David zum Streit aus. Aber der Perserkaiser Cosdroes
ließ einen Patricius in seinem Heer, den er für den streit-
arsten ansah, an seiner Statt gegen Aeraklius in den
Kampf gehen. Als nun beide mit ihren Reitern aufeinander zukamen, sprach Aeraklius zu dem Patricius, den er
für Cosdroes den Kaiser von Persien hielt: „Ein Zweikampf war ja ausgemacht, warum kommen nun hinter
Dir noch andere?" Wie der Patricius sich hierauf um-
wandte, um zu sehen, wer ihm folge, da spornte Aeraklius sein Pferd gewaltig an, zog sein Schwert und schlug
dem Perser das Haupt ab. Nun floh der Kaiser Cosdroes
besiegt und in Bestürzung mit den Persern, ward aber von
seinen eigenen Leuten grausam ermordet; die Perser
zogen eilig nach ihrer Heimat zurück. Aeraklius griff darauf mit Flotte und Heer die Perser an, unterwarf ganz
Persien seiner Herrschaft und eroberte viele Schätze und
sieben Aeltianiten. Drei Jahre lang ungefähr verheerte er
Persien; hierauf erwählten sich die Perser einen neuen
Kaiser.

## 65.

Der Kaiser Aeraklius war herrlich anzuschauen, schön
von Antlitz und von stattlicher Größe und Gestalt, vor
allen andern tapfer und ein trefflicher Streiter. Denn oftmals tötete er sogar Löwen im Kampfspiel, er allein ohne

Waffen mehrere auf einmal. In den Wissenschaften war
er ungemein unterrichtet und beschäftigte sich mit der
Astrologie. Daraus ersah er, daß nach dem Willen Gottes
sein Kaiserreich von den beschnittenen Völkern verwüstet werden müsse, und schickte daher zu Dagobert, dem
König der Franken, und ließ ihn bitten, alle Juden seines
Reichs auf den katholischen Glauben taufen zu lassen,
was Dagobert auch sofort ausführte. Aeraklius selbst ließ
nach allen Provinzen seines Reichs denselben Befehl ergehen, da er nicht wußte, von welcher Seite dieses Unheil
über sein Reich komme.

## 66.

Die Agarener, welche auch Sarazenen heißen, wie das
Buch des Orosius bezeugt, ein beschnittenes Volk, wohnten schon in alten Zeiten am Fuß des Berges Kaukasus,
am kaspischen Meer, in einem Land, das Eroklia genannt
wird. Da aber die Bevölkerung zu sehr bei ihnen ange-
wachsen war, so ergriffen sie endlich die Waffen und brachen verheerend in die Provinzen des Kaisers Aeraklius
ein. Dieser schickte, um ihnen Widerstand zu leisten,
Truppen gegen sie, aber wie es zum Treffen kam, wurden
sie von den Sarazenen geschlagen und mit dem Schwert
niedergemacht. 150 000 Mann sollen in dieser Schlacht
durch die Sarazenen umgekommen sein. Sie ließen hierauf die gemachte Beute dem Aeraklius anbieten, der aber
schlug es aus, und begehrte nur Rache an ihnen zu nehmen. Er brachte aus allen Provinzen seines Reichs eine
ungeheure Truppenmasse zusammen und schickte dann

eine Gesandtschaft bis zu den kaspischen Pforten, die
Alexander der Große, der Macedonier, am kaspischen
Meer einst hatte aus Erz machen und schließen lassen
wegen der Einbrüche der wilden Völker, die jenseits des
Berges Kaukasus wohnen. Diese Pforten ließ jetzt Aeraklius öffnen und durch sie 150000 Mann mit Gold ange-
worbener Truppen zum Kampf mit den Sarazenen ausrücken. Die Sarazenen hatten zwei Fürsten und waren
ungefähr 200000 Mann stark. Als aber bereits beide Heere
in geringer Entfernung voneinander ein Lager geschlagen
hatten um am andern Morgen den Kampf zu beginnen,
da ward in der Nacht das Heer des Aeraklius von dem
Schwert des Herrn geschlagen und 52000 Mann seiner
Truppen lagen tot im Lager dahingestreckt; wie nun am
Morgen die Soldaten in die Schlacht rücken sollten und
sie sahen, daß ein so großer Teil ihres Heeres durch
Gottes Gericht umgekommen sei, wagten sie es nicht, mit
den Sarazenen zu streiten, sondern das ganze Heer des
Aeraklius zog nach Hause zurück, die Sarazenen aber setzten ihre alte Sitte fort und verheerten unaufhörlich die
Provinzen des Kaisers. Wie sie nun bereits in der Nähe
von Jerusalem waren, und Aeraklius sah, daß er ihrer
Gewalt keinen Widerstand leisten könne, so verließ er,
der schon bisher der Ketzerei des Eutyches angehangen
hatte, von übergroßer Bitterkeit des Kummers getrieben,
das Christentum, heiratete die Tochter seiner Schwester,
und endete von schrecklichem Fieber gequält sein Leben.
Ihm folgte sein Sohn Konstantin, zu dessen Zeit das Reich
entsetzlich von den Sarazenen verwüstet wurde.

## 67.

Im 9. Jahre Dagoberts starb König Chairibert mit Hinter-
lassung eines unmündigen Sohnes namens Chilperich,
der in kurzer Zeit gleichfalls starb. Man sagt, die Anhän-
ger Dagoberts haben seine Ermordung veranlaßt. Chairiberts ganzes Reich sammt Waskonien nahm Dagobert sofort in Besitz, und schickte den Herzog Barontus ab, um
ihm auch Chairiberts Schätze herbeizubringen. Dabei ging
aber durch Barontus und die Schatzmeister ein großer
Teil verloren, indem sie im Einverständnis miteinander
ungemein viel unterschlugen.

## 68.

In diesem Jahre wurden die in Samos Reich handelnden
Kaufleute von den Sklaven, die den Beinamen der Wenden führen, umgebracht und ihres Vermögens beraubt.
Das war die Veranlassung des Zerwürfnisses zwischen
Dagobert und dem Sklavenkönig Samo. Dagobert schickte
den Sycharius als Gesandten zu Samo mit der Forderung,
wegen des von den Seinigen an den fränkischen Handelsleuten verübten Mordes und Raubes einzuschreiten, wie
es die Gerechtigkeit erheische. Da Samo den Sycharius
gar nicht sehen wollte und ihn nicht vor sich ließ, so
kleidete sich dieser nach sklavischem Brauch und erschien
so mit seinem Gefolge vor Samo und tat ihm alles kund,
was ihm aufgetragen worden. Aber Samo machte, wie es
die heidnische und hochmütige Weise schlechter Menschen ist, nichts von dem, was die Seinen verbrochen

hatten, wieder gut, und verstand sich nur dazu, daß um dieser und ähnlicher zwischen beiden Teilen ausgebrochener Streitigkeiten willen gegenseitig gerichtliches Verfahren eintrete. Sycharius stieß hierauf in der Weise törichter Gesandter Schmähworte, die ihm nicht aufgetragen worden waren, und Drohungen gegen Samo aus, daß nämlich Samo mit seinem ganzen Volk dem Dagobert dienstbar zu sein habe. Schon verletzt erwiderte der König: „Das Land, das wir innehaben, und wir selbst sind Dagoberts, jedoch nur im Fall er Freundschaft mit uns bewahren will." Sycharius sprach: „Es ist nicht möglich, daß Christen, die Knechte Gottes, mit Hunden in Freundschaft stehen." Und Samo dagegen: „Wenn ihr die Knechte Gottes seid und wir die Hunde Gottes, so ist es uns erlaubt, wenn ihr unaufhörlich gegen seinen Willen tut, euch zu beißen." Und bei diesen Worten warfen sie den Sycharius hinaus. Wie das Dagobert erfuhr, ließ er aus ganz Auster ein gewaltiges Heer gegen Samo und die Wenden ins Feld rücken und in drei Abteilungen gegen sie ziehen. Zu gleicher Zeit machten auch die Langobarden, von Dagobert geworben, einen feindlichen Einfall ins sklavische Gebiet. Die Sklaven rüsteten sich hier und an anderen Seiten zum Widerstand, aber das alamannische Heer unter Herzog Crodobert erfocht an der Stelle, wo es einfiel, den Sieg über sie; ebenso siegten die Langobarden; und beide, Alamannen und Langobarden, führten eine ungeheure Menge sklavischer Gefangener mit sich fort. Als sich die Austrasier aber an die Belagerung der Wogastisburg machten, wo sich die Hauptmacht der streitbaren Wenden befand, kam es zu einer dreitägigen Schlacht, in der ein großer Teil von Dagoberts Heer durchs Schwert fiel, worauf alle ihre Zelte und was sie hatten im Stich ließen und nach Hause flohen. Seitdem fielen die Wenden oftmals verheerend in Thüringen und die übrigen Gaue des Frankenreiches ein. Ja sogar Dervanus, der Herzog der Surbier, eines Volkes von sklavischem Stamme, welches seit alters zum fränkischen Reich gehört hatte, fiel zu Samo ab. Jenen von den Wenden über die Franken erfochtenen Sieg trugen übrigens die Sklaven nicht sowohl durch ihre Tapferkeit davon, als wegen der Betörung der Austrasier, welche den Dagobert haßten, weil sie beständig von ihm ausgeplündert wurden.

## 69.

In demselben Jahre schickte der Langobardenkönig Charoald insgeheim Gesandte an den Patricius Hysacius und ließ ihn ersuchen, Taso, den Herzog der Provinz Toskana, auf welche Weise es ihm möglich wäre, umzubringen. Wenn er ihm diesen Dienst erwiese, so wollte er von den 300 Pfund Goldes, die den Langobarden jährlich vom Kaiser entrichtet wurden, 100 Pfund fahrenlassen. Als dies der Patricius Hysacius hörte, trachtete er auf jede Weise, die Sache durchzuführen: er gebrauchte also die List, dem Taso sagen zu lassen, er solle, da er bei Charoald in Ungnade gefallen sei, mit ihm Freundschaft schließen, er wolle ihm wiederum gegen König Charoald beistehen. Durch diese Hinterlist ward Taso bewogen, nach Ravenna zu kommen; Hysacius aber schickte ihm Boten entgegen und ließ ihm sagen, aus Furcht vor dem Kaiser wage er nicht, den Taso mit seinem Gefolge bewaffnet in die Stadt einziehen zu lassen. Taso traute dem und ließ die sämtlichen Waffen der Seinigen vor der Stadt. Wie er aber Ravenna betrat, fiel augenblicklich der zu diesem Zweck in Bereitschaft gehaltene Haufe über ihn her und machte ihn mit allen seinen Begleitern nieder. König Charoald gab jetzt, wie er versprochen hatte, von seinen Ansprüchen an Hysacius und den Kaiser 100 Pfund auf, und seitdem werden den Langobarden von dem römischen Patricius nur noch 200 Pfund jährlich entrichtet. Unmittelbar nach dieser Begebenheit aber starb König Charoald.

## 70.

Da nun der Königin Gundeberga alle Langobarden durch Eidschwur Gehorsam gelobt hatten, so berief sie den Herzog Chrothachar von Brissia zu sich und forderte ihn auf, seine Gemahlin zu verstoßen und sie zu heiraten, worauf dann alle Langobarden ihn auf den Thron erheben sollten. Chrothar willigte gern ein und gelobte nun eidlich an heiliger Stätte, die Gundeberga niemals zu verlassen, noch ihren Ehrenrang im geringsten zu schmälern, sondern sie allein zu lieben und zu ehren, wie es sich gezieme. Auf Gundebergas Ladung erschienen dann alle langobardischen Großen und hoben ihn auf den Thron. Chrothar ließ, nachdem er die Herrschaft angetreten hatte, viele vornehme Langobarden töten, deren widerspenstige Gesinnung er erkannt hatte. Er schuf, da er den Frieden suchte, strenge Ordnung und Furcht im ganzen Langobardenreiche. Aber er vergaß die Gelübde, welche er der Gundeberga geleistet hatte, und sperrte diese in eine

Kammer des Palastes zu Ticinum, wo sie fünf Jahre lang aller ihrer Würde beraubt lebte und eingeschlossen gehalten wurde. Unterdessen führte Chrothar ein ausschweifendes Leben mit Kebsweibern. Gundeberga aber lobte in dieser Trübsal den allmächtigen Gott und fastete und betete anhaltend, denn sie war von christlichem Gemüte.

## 71.

Als es Gott gefiel, kam endlich Aubedo, von Chlodoveus abgesandt, als fränkischer Gesandter zu Chrothar, dem Langobardenkönig, nach der Stadt Papia, die den Beinamen Ticinum hat. Und wie er nun vernahm, daß die Königin, die er auf seinen früheren Gesandtschaften öfters gesehen hatte, und von der er immer gütig empfangen worden war, gefangen sei, so bedeutete er, gleich als ob es ihm befohlen wäre, neben seinen übrigen Aufträgen dem König Chrothar, daß er die Königin nicht so erniedrigen dürfe, die eine Verwandte der Franken sei, und durch die er noch dazu das Szepter bekommen habe; die Franken und ihre Könige würden das sehr übel aufnehmen. Da ließ Chrothar aus Ehrfurcht vor den Franken die Königin alsbald frei, und Gundeberga besuchte nun nach ungefähr fünf Jahren zum erstenmal wieder in königlichem Aufzug in der ganzen Stadt und ringsumher die Altäre der Heiligen, um da zu beten. In den Besitz aller Hofgüter und ihres Vermögens an Geld wurde sie von Chrothar wieder eingesetzt, und ihren ganzen Reichtum, der noch vergrößert wurde, und ihre hohe Würde behielt sie in königlicher Herrlichkeit glücklich bis an ihr Ende. Aubedo aber ward von der Königin Gundeberga reichlich beschenkt. Chrothar eroberte längs des Meeres die zum Kaiserreich gehörigen Städte Genava, Albinganum, Varicotti, Saona, Ubitergium und Luna, plünderte sie und steckte sie in Brand, die Bewohner wurden ausgeraubt und in die Gefangenschaft geschleppt, die Mauern bis auf den Grund niedergerissen und der Befehl gegeben, diese Städte fortan nur Flecken zu nennen.

## 72.

In diesem Jahre erhob sich im Reich der Abaren, die den Beinamen Chunen haben, in Pannonien ein heftiger Zwist: es stritten nämlich ein Abare und ein Bulgare um die Thronfolge. Beide sammelten sich eine gehörige Streitmacht und kriegten dann miteinander. Endlich unterlagen die Bulgaren; 9000 von ihnen wurden nun mit Weib und Kind aus Pannonien vertrieben und wandten sich an Dagobert mit der Bitte, ihnen bleibende Wohnsitze im Land der Franken anzuweisen. Dagobert hieß sie einstweilen bei den Bajoariern überwintern, bis er mit den Franken sich beraten hätte, was weiter geschehen könne. Wie sie sich nun in den Häusern der Baiern zerstreut hatten, um da den Winter zuzubringen, erließ Dagobert nach dem Rat der Franken das Gebot an die Baiern, sie sollten jeder in seinem Hause jene Bulgaren mit Weibern und Kindern in einer Nacht umbringen. Und das wurde von den Baiern auch sofort ausgeführt: nur Alciocus mit 700 Männern, Weibern und Kindern blieb von den Bulgaren am Leben und rettete sich nach der Wendenmark, wo er samt den Seinigen noch viele Jahre bei Wallucus, dem Herzog der Wenden, lebte.

## 73.

Was sich in diesem Jahre mit Spanien und seinen Königen zutrug, darf ich nicht mit Stillschweigen übergehen. Nach dem Tode des milden Königs Sisebod folgte Sintila in der Regierung. Da er aber seine Untertanen ungerecht behandelte und den Haß aller Vornehmen des Reichs auf sich lud, so erhob sich, nachdem er ungefähr ein Jahr regiert hatte, unter Beistimmung der übrigen Großen ein gewisser Sisenand, und ersuchte Dagobert, ihm mit einem Heer beizustehen zum Sturz des Sintila. Für diese Hilfeleistung versprach er dem Dagobert ein herrliches, 500 Pfund schweres Becken von Gold zu schenken, ein kostbares Kleinod im Schatze der Goten, welches der König Tursemod einst vom Patricius Agecius erhalten hatte. Auf diese Kunde hin ließ der habsüchtige Dagobert die Mannschaft aus dem gesamten Reich Burgund ins Feld rücken. Als es nun in Spanien bekannt wurde, daß ein Frankenheer dem Sisenand zur Hilfe herbeiziehe, unterwarf sich diesem das ganze gotische Heer. Abundantius und Venerandus kamen mit ihrer in Tolosa vereinigten Streitmacht nur bis zur Stadt Cäsaragusta, wo Sisenand mit ihnen zusammentraf und nun von allen Goten des spanischen Reichs auf den Thron erhoben wurde. Abundantius und Venerandus kehrten hierauf durch reiche Geschenke geehrt mit dem tolosanischen Heer nach

Hause zurück. Dagobert schickte nun den Herzog Amalgar und den Venerandus als Gesandte an König Sisenand,
um das versprochene Becken abzuholen. Es wurde ihnen
auch vom König eingehändigt, aber nachher von den
Goten wieder geraubt, die auch dessen abermalige Aus-
lieferung nicht zugaben. Nach mancherlei hin und her
gepflogenen Unterhandlungen wurden späterhin dem Dagobert 200 000 Schillinge, soviel als der Wert des Beckens
betrug, von König Sisenand ausbezahlt.

## 74.

Im 10. Jahre seiner Herrschaft ward dem Dagobert gemeldet, daß ein Heer der Wenden in Thüringen eingefal-
len sei. Er brach also mit Heeresmacht aus der Stadt Metz
auf und zog über die Ardennen nach Mainz, um hier über
den Rhein zu setzen; außer den Herzogen und Grafen
hatte er eine auserlesene Schar tapferer Männer aus Neustrien und Burgund um sich. Es erschienen nun Abgesandte der Sachsen vor Dagobert und ersuchten ihn, die
Steuern, welche sie an die Staatskasse entrichteten, ihnen
zu erlassen; dafür versprachen sie den Wenden mit Eifer
und Erfolg Widerstand zu leisten und das fränkische Gebiet an der wendischen Grenze zu schützen. Dagobert
erfüllte nach dem Rat der Neustrasier ihre Bitte, und die
sächsischen Abgesandten legten nun für das gesamte
Sachsenvolk ihren Schwur ab, indem sie, wie es ihre Sitte
ist, an die Waffen schlugen. Indes hatte dieses Versprechen wenig Erfolg; dennoch blieben den Sachsen die
Steuern, die sie zu entrichten gewohnt waren, nach Dago-

berts Befehl erlassen. Chlothar der Ältere hatte ihnen
einen jährlichen Zins von 500 Kühen aufgelegt, welchen
Dagobert jetzt nachließ.

## 75.

Im 11. Jahre von Dagoberts Regierung kam dieser, da die
Wenden auf Samos Befehl noch immer ihre wilde Wut
ausübten und häufig aus ihrem Gebiet ins Frankenreich
Einfälle machten, und Thüringen und andere Gaue verheerten, nach der Stadt Metz und machte unter Beistimmung der Geistlichkeit und aller Großen des Reichs seinen Sohn Sigybert zum König von Auster und wies ihm
Metz als seinen Sitz an. Chunibert dem Bischof von Köln
und dem Herzog Adalgysel übertrug er die Führung der
Angelegenheiten in dessen Palast und Reich. Auch einen
hinreichenden Schatz gab er seinem Sohn und stattete
ihn mit allem aus, was seiner hohen Würde zukam. Alle
Verleihungen bekräftigte er noch durch besonders ausge-
stellte Urkunden. Seitdem war das Frankenreich durch
den Eifer der Austrasier hinreichend gegen die Wenden
geschützt.

## 76.

Als im 12. Jahre seiner Herrschaft dem Dagobert von der
Königin Nanthilde ein Sohn mit Namen Chlodoveus ge-
boren wurde, schloß er nach dem Rat und Wunsch der
Neustrasier mit seinem Sohn Sigybert einen Vertrag ab.

Die sämtlichen Großen und die Geistlichkeit von Auster
und die übrigen Leute Sigyberts bekräftigten durch einen
Eid, daß nach Dagoberts Tod Neustrasien und Burgund
abgesondert dem Chlodoveus zufallen, Auster aber, weil
es an Bevölkerung und Flächenraum jenen Ländern
gleichkomme, in seiner ganzen Ausdehnung dem Sigybert verbleiben solle. Und alles, was vormals zu Auster
gehört hatte, solle wieder zu Sigyberts Reich geschlagen
werden und ewig dabeibleiben, mit Ausnahme des Her-
zogtums des Dentilinus, welches die Austrasier unrecht-
mäßigerweise an sich gerissen hatten; dieses sollte wieder mit Neustrien verbunden und von Chlodoveus beherrscht werden. Aber man glaubte, die Austrasier hätten
diesen Vertrag wider Willen nur aus Furcht vor Dagobert
beschworen, was sich auch nachmals unter den Königen
Sigybert und Chlodoveus auswies.

## 77.

Der Herzog Radulf, der Sohn Chamars, den Dagobert
zum Herzog von Thüringen gemacht hatte, stritt zu wiederholten Malen gegen die Wenden, besiegte und ver-
jagte sie. Das machte ihn übermütig: er benahm sich bei
verschiedenen Gelegenheiten feindselig gegen den Herzog Adalgysel und schon damals bereitete er sich zur Empörung gegen König Sigybert vor. Er tat nach dem Spruch:
„Wer Streit liebt, der sinnt auf Zwietracht."

## 78.

Im 14. Jahre seiner Herrschaft ließ Dagobert gegen die Wasken, die sich mit Macht empört hatten und nun häufige Raubzüge in das vormals von Chairibert besessene Frankengebiet machten, die Mannschaft aus dem gesamten burgundischen Reich ins Feld rücken und setzte über sie den Referendarius Chadoind, der sich schon früher zur Zeit König Theuderichs in vielen Schlachten als ein tüchtiger Kriegsmann erprobt hatte. Zehn Herzoge, nämlich Arinbert, Amalgar, Leudebert, Wandalmar, Walderich, Ermeno, Barontus, Chairaardus, alle diese geborene Franken, sodann Chramnelenus von römischem, der Patricius Willibad von burgundischem und Aigyna von sächsischem Geschlechte, und außerdem sehr viele Grafen, die keinen Herzog über sich hatten, zogen mit ihren Mannen nach Waskonien. Wie nun ihr ganzes Land von dem burgundischen Heer besetzt war, so brachen die Wasken aus ihren Felsbergen zum Kampf hervor. Hatte aber der Streit begonnen, und sahen sie, daß sie unterliegen würden, so flohen sie und verbargen sich in den Talschluchten der Pyrenäen an den unzugänglichsten Orten. Jedoch sie wurden von den Truppen der Herzoge verfolgt, eine beträchtliche Anzahl getötet und gefangen genommen, ihre Besitztümer geraubt und alle ihre Wohnungen geplündert und niedergebrannt. So wurden sie endlich gebeugt und unterjocht: sie kamen und flehten bei den Herzogen um Schonung und Frieden, und versprachen, vor dem ruhmreichen Antlitz König Dagoberts zu erscheinen, sich seiner Herrschaft zu unterwerfen und alle seine Gebote zu erfüllen. Hierauf kehrte das Heer glücklich nach

Hause zurück, ohne irgendwelchen Verlust, wäre nicht Herzog Arnebert mit den Vornehmsten seiner Mannschaft aus Unachtsamkeit im Tal Subola in die Hände der Wasken gefallen und von ihnen niedergemacht worden. Als nun das fränkische Heer siegreich aus Burgund heimgekehrt war, so schickte Dagobert, der damals zu Clippiacus sich aufhielt, Gesandte nach der Bretagne mit dem Befehl, die Brittonen sollten schleunigst wiedergutmachen, was sie verbrochen hätten, und sich seiner Herrschaft unterwerfen, sonst werde das burgundische Heer, das im Waskenland gekriegt habe, alsbald in die Bretagne einfallen. Wie das Judacaile, der König der Bretagner hörte, machte er sich in Eile mit vielen Geschenken auf nach Clippiacus zu König Dagobert, bat ihn um Gnade und versprach, alles Unrecht, was seine Untertanen gegen Franken begangen, wiedergutzumachen und sich und sein Reich auf ewige Zeiten dem Dagobert und den Königen der Franken zu unterwerfen. Jedoch sich mit Dagobert zur Tafel setzen, das wollte er nicht, sondern er verließ den Palast, und weil er ein frommer und gottesfürchtiger Mann war, so ging er in die Wohnung des Referendarius Dado, von dessen frommem Lebenswandel er gehört hatte, und speiste bei ihm. An andern Morgen verabschiedete sich König Judacaile bei Dagobert, der ihn mit Ehren und reich beschenkt in die Heimat entließ.

Im 15. Jahre von Dagoberts Regierung erschienen sämtliche waskonische Großen mit ihrem Herzog Aigina vor Dagobert zu Clippiacus und nahmen daselbst aus Furcht vor des Königs Zorn ihre Zuflucht in der Kirche des heiligen Dionysius: Dagobert aber schenkte ihnen milde das Leben. Darauf gelobten sie eidlich, dem Dagobert und

seinen Söhnen und dem Reich der Franken jederzeit
Treue zu bewahren, was sie, wie es nachmals die Tat
zeigte, in alter Weise hielten. Mit Dagoberts Erlaubnis
kehrten die Waskonen sodann nach Hause zurück.

## 79.

Im 16. Jahre seiner Herrschaft begann Dagobert an einer
Unterleibskrankheit, auf dem Hofgut Spinogelum an der
Seine nicht weit von Paris, zu erkranken, worauf ihn seine
Leute nach der Kirche des heiligen Dionysius brachten.
Als er hier nach wenigen Tagen fühlte, daß es mit seinem
Leben gefährlich stehe, ließ er schleunigst den Aega vor
sich kommen und empfahl ihm die Königin Nanthild und
seinen Sohn Chlodoveus. Wie er sein Ende kommen sah,
besprach er sich mit Aega, durch dessen kraftvollen Eifer
ihm die Regierung am besten geführt werden zu können
schien. Wenige Tage darauf gab er den Geist auf und
ward begraben in der Kirche des heiligen Dionysius, die
er selbst mit Gold und Edelsteinen und anderen kostbaren Stoffen geschmückt und auch von außen auf eine wür-
dige Weise hatte herstellen lassen, um dadurch den Schutz
des Heiligen zu gewinnen. Er hatte der Kirche so viele
Schätze, Landgüter und andere Besitzungen an vielen
Orten geschenkt, daß es allgemeines Staunen erweckte.
Auch einen Chor zum Singen der Psalmen hatte er daselbst nach dem Muster des Klosters Agaunum einrichten
lassen, was aber nachher durch die Nachlässigkeit des
Abts Aigulf wieder aufhörte.
Nach Dagoberts Tod übernahm sein noch in zartem

Alter stehender Sohn Chlodoveus die Herrschaft: auf dem
Hofgut Masolacus erhoben ihn alle seine Mannen von
Neustrien und Burgund auf den Thron. Aega aber
herrschte mit der Königin Nanthild, Dagoberts Witwe,
im Palast.

## 80.

Im ersten und zweiten Jahre der Herrschaft des Chlodoveus und im Anfang des dritten regierte Aega im Reich
und Palast mit Ehren und zeichnete sich vor den übrigen
Großen Neustriens durch Klugheit und gelassenes Benehmen aus, alle weit überragend. Er war von vornehmem Geschlecht, reich, ein Freund der Gerechtigkeit,
wohlunterrichtet und mit Rede und Antwort gleich bei
der Hand; nur ward ihm von den meisten Habsucht vorgeworfen. Nach des Aega Rat aber wurden sehr viele in
Burgung und Neustrien wieder in ihr Vermögen eingesetzt, das ihnen auf Dagoberts Befehl ungerechterweise
entrissen und zum königlichen Gut geschlagen worden
war.

## 81.

In diesem Jahre starb der Kaiser Konstantinus. Sein Sohn
Konstans wurde noch als Kind nach dem Rate des Senats
auf den Thron gehoben. Auch zu seiner Zeit wurde das
Kaiserreich von den Sarazenen schrecklich verwüstet, Jerusalem erobert, andere Städte zerstört, Ober- und Unter-

ägypten mit Krieg überzogen, Alexandria erobert und geplündert, ganz Afrika verheert und unterworfen. Daselbst
wurde auch der Patricius Gregorius von Sarazenen getötet. Nur Konstantinopel mit Thracien, wenigen Inseln und
mit der römischen Provinz blieb unter der Herrschaft des
Kaisers. Denn das ganze Reich wurde von den Sarazenen
hart mitgenommen, und Kaiser Konstans in seiner schweren Bedrängnis zuletzt den Sarazenen sogar zinspflichtig,
um wenigstens Konstantinopel und einige Provinzen und
Inseln unter seiner Herrschaft zu behalten. Ungefähr drei
Jahre lang oder, wie man sagt, noch länger, zahlte Konstans täglich 1000 Goldschillinge in die Kasse der Sarazenen. Endlich verweigerte der Kaiser Konstans, als er wieder zu Kräften gekommen war, den Sarazenen diesen Tri-
but. Wie dies geschehen sei, werde ich bei dem Jahre, da
es sich zutrug, der Ordnung gemäß berichten und es nicht
verschweigen, wenn ich, so es Gottes Wille ist, damit und
mit anderem, wie ich es wünsche, zu Ende komme, und
werde es dann alles, so gut ich es weiß, der Wahrheit
gemäß in dieses Buch eintragen.

## 82.

In demselben Jahre starb Sintela der König von Spanien,
der auf Sisenand gefolgt war. Sein Sohn Tulga ward, noch
ein zarter Knabe, nach dem Wunsch des Vaters auf den
Thron erhoben. Das Volk der Goten wird übermütig, sobald es kein starkes Joch auf sich hat: so litt denn auch
während Tulgas Jugend ganz Spanien wie gewöhnlich
unter mancherlei Willkür und Unbotmäßigkeit, bis sich

endlich die meisten Senatoren der Goten nebst dem übrigen Volk versammelten und einen der Großen namens
Chyntasind zum König wählten. Dieser entsetzte den
Tulga seiner Würde und ließ ihn zum Geistlichen scheren. Nachdem er nun seine Herrschaft über ganz Spanien
befestigt hatte, ließ er – denn ihm war die Krankheit der
Goten, die Sucht nämlich, ihre Könige zu entthronen,
sehr wohl bekannt, weil er selbst öfters dabei geholfen
hatte – alle, die er bei der Absetzung der früheren Könige
als an diesem Übel leidend erkannt hatte, einzeln umbringen, andere verbannte er und gab ihre Weiber und
Töchter samt dem Vermögen seinen Getreuen. Es sollen,
um jenem Übel zu steuern, 200 vornehme Goten und 500
aus dem mittleren Stand getötet worden sein. Chylasind
hörte nicht auf, alle, die ihm verdächtig waren, mit dem
Schwert umbringen zu lassen, bis er sich überzeugt hatte,
daß jene Krankheit der Goten ausgerottet sei. Die Goten
aber, so von Chyntasind gebändigt, wagten keine Verschwörung, wie sie es von den früheren Königen her gewohnt waren, gegen ihn anzuzetteln. Als Chyntasind
hochbetagt war, setzte er seinen Sohn Richysind im ganzen Reich als König ein. Er selbst tat Buße, gab reichliche
Almosen von seinem Vermögen und starb in hohem Alter,
wie man sagt, im neunzigsten Jahre.

## 83.

Im dritten Jahr der Herrschaft des Chlodoveus starb Aega
auf dem Hofgut Clippiacus an heftigem Fieber. Wenige
Tage zuvor hatte Ermenfred, der die Tochter Aegas zum

Weibe hatte, den Grafen Chainulf in dem Flecken Albio-
derum auf dem Mallus erschlagen. Wegen dieser Tat ward
er mit Wissen und Willen der Königin Nanthild von den
Verwandten Chainulfs und vielem Volk schwer an seinem
Vermögen geschädigt. Er selbst floh nach Auster in die
Kirche des heiligen Remedius zu Remus und blieb dort
viele Tage, um sich vor der Verfolgung und dem königlichen Zorn zu retten.

## 84.

Nach dem Tod des Aega ward Erchynoald, der ein Ver-
wandter von Dagoberts Mutter war, Hausmeier in Chlodoveus' Palast. Er war ein Mann ohne Übermut, voller
Güte, klug, demütig und wohlwollend gegen die Geistlichen, leutselig gegen alle, und ohne Stolz und Habsucht.
Er suchte so lange er lebte den Frieden, wie es Gott wohlgefällig war, war weise, aber dabei einfältigen Gemütes,
nicht übermäßig reich und wurde von jedermann geliebt.
Wie nun König Dagoberts Schätze nach seinem Tod unter
seine Söhne verteilt wurden, will ich nicht verschweigen,
sondern es genau in dieses Buch einzutragen versuchen.

## 85.

Nachdem der Hausmeier Pippin und die übrigen austrasischen Herzoge nach dem Tod König Dagoberts, bei dem
sie bis dahin zurückgehalten worden waren, einmütig den
Sigybert zu ihrem Könige verlangt hatten, schloß Pippin

mit Chunibert, zu dem er schon vorher in dem freund-
lichsten Verhältnis gestanden hatte, aufs neue einen Bund
fester und inniger Freundschaft für ewige Zeiten ab. Zugleich zogen sie alle austrasischen Mannen durch ihr
kluges und freundliches Benehmen an sich, regierten sie
milde und erwarben sich so ihre Freundschaft für immer.
Hierauf ließ Sigybert den ihm gebührenden Teil von Dagoberts hinterlassenen Schätzen der Königin Nanthild und
dem König Chlodoveus durch Gesandte abfordern, zu dessen Rückgabe rechtlicher Ordnung gemäß auch ein Tag
festgesetzt wurde. Chunibert, der Bischof von Köln, und
der Hausmeier Pippin kamen nun von etlichen austrasischen Großen begleitet in Sigyberts Auftrag nach dem
Hofgut Conpendium, wo ihnen nach der Nanthild und
Chlodoveus' Befehl von dem Hausmeier Aega Dagoberts
Schatz vorgewiesen und dieser nun gleichmäßig verteilt
wurde; ein Drittel jedoch von Dagoberts erworbenem
Gute erhielt die Königin Nanthild. Chunibert und Pippin
ließen sodann Sigyberts Anteil nach Metz bringen, wo er
dem Könige vorgewiesen und verzeichnet wurde. Ein Jahr
darauf starb Pippin, und nicht geringen Schmerz machte
sein Hinscheiden allen in Austrasien, denn er war um
seiner Gerechtigkeit und Güte willen sehr geliebt. Auch
sein Sohn Grimoald wurde, weil er nach des Vaters Vor-
bild ein tüchtiger Mann war, von den meisten geliebt.

## 86.

Ein gewisser Otto, Sohn des Haushofmeisters Uro, der
Sigyberts Erzieher von dessen Kindheit an gewesen war,

versuchte es, aus Stolz und Eifersucht sich über Grimoald hinwegzusetzen. Da schloß dieser mit Bischof Chunibert feste Freundschaft und sann darauf, wie er den Otto aus dem Palast entfernen und seines Vaters Würde erlangen könnte.

## 87.

Als Sigybert im 8. Jahre König war, empörte sich der Herzog Radulf von Thüringen mit Macht gegen ihn. Da entbot Sigybert alle seine austrasischen Mannen ins Feld und zog mit ihnen über den Rhein: hier scharten sich die Völkerschaften aus allen überrheinischen Gauen seines Reichs um ihn. Zuerst stieß nun Sigyberts Heer auf den Fara, Chrodoalds Sohn, der mit Radulf im Einverständnis war. Er wurde getötet; was von seinem Volk dem Schwert entrann, gefangen genommen. Die Großen und alle Leute des Heeres gaben sich einander die Hand darauf, daß keiner dem Radulf das Leben schenken wolle. Jedoch daraus wurde nichts. Wie Sigybert mit seinem Heer in Eile durch Buchonia nach Thüringen zog, verschanzte sich Radulf in einem durch Holz befestigten Lager auf einem Berge über dem Fluß Unstrut in Thüringen, zog von allen Seiten soviel Mannschaft, als er konnte, hier zusammen und setzte sich mit Weib und Kind in seinem Bollwerk fest, zur Verteidigung bereit. Als Sigybert mit seinem Heer dahin kam, schloß er die Feste von allen Seiten ein. Radulf saß drinnen trefflich zum Kampf gerüstet. Jedoch dieser Kampf ward planlos begonnen. Daran war die Jugend König Sigyberts schuld: denn die einen wollten noch am nämlichen Tage zur Schlacht rücken, die andern erst am nächsten, und so kam es zu keinem gemeinsamen Entschluß. Wie das Grimoald und Adalgysel sahen, wurden sie für Sigybert sehr besorgt und hüteten ihn unaufhörlich. Der Herzog Bobo von Arverna, mit einem Teile von Adalgysils Mannschaft, und Aenovales, der Graf des Sogiontinsischen Gaus mit seinen Leuten, und ein großer Teil des übrigen Heeres rückten sofort an das Tor der Feste gegen Radulf zum Kampfe vor. Dieser aber hatte von einigen Herzogen in Sigyberts Heer die Zusage erhalten, daß sie ihn nicht ernstlich angreifen wollten, und brach nun aus seiner Feste hervor, fiel über Sigyberts Heer her und richtete hier eine so schwere Niederlage an, daß es wie ein Wunder erschien. Die Mainzer hatten sich in diesem Kampf treulos erwiesen. Viele tausend Menschen sollen durchs Schwert gefallen sein. Radulf kehrte siegreich in seine Feste zurück. Sigybert aber mit seinen Getreuen war schwer betrübt, er saß auf seinem Pferd und mit Tränen in den Augen jammerte er über seinen Verlust: denn der Herzog Bobo, der Graf Aenovales und sonst noch die tapfersten Streiter seines Adels und ein großer Teil seiner übrigen Mannen waren unter seinen Augen in diesem Treffen niedergemacht worden. Auch Fredulf, der Haushofmeister, der für Radulfs Freund galt, fiel im Streite. Sigybert blieb in der Nacht mit seinem Heer unter den Zelten nicht weit von der Feste. Da man erkannte, daß nichts gegen Radulf auszurichten sei, wurden am andern Morgen Gesandte zu ihm geschickt und ein Abkommen mit ihm getroffen, wonach Sigybert mit seinem Heer unbelästigt an den Rhein und nach Hause zurückkehren konnte. Radulf aber, voll Übermut, gebärdete sich als

König von Thüringen, schloß Freundschaft mit den Wenden und knüpfte auch mit den übrigen benachbarten Völkern ein friedliches Verhältnis an. Dem Namen nach erkannte er zwar Sigyberts Oberherrlichkeit an, aber in der Tat widersetzte er sich kräftig seiner Herrschaft.

## 88.

Im 10. Jahre von Sigyberts Regierung ward Otto, der in seinem Hochmut feindselig gegen Grimoald auftrat, auf dessen Betrieb vom Alamannenherzog Leuthar getötet. Dadurch erlangte Grimoalds Stellung als Hausmeier in Sigyberts Palast und im ganzen austrasischen Reich bedeutende Festigkeit.

## 89.

Im 4. Jahre von Chlodoveus' Regierung kam die Königin Nanthild mit ihrem Sohn, dem König Chlodoveus, nach Aegas Tod ins burgundische Reich zur Stadt Aurelianes und berief hier alle Großen des Reichs, die Bischöfe, Herzoge und sonstigen Würdenträger Burgunds, vor sich. Sie zog nun alle einzeln auf ihre Seite und ließ dann den Franken Flaochad von den Bischöfen und sämtlichen Herzogen zum Hausmeier von Burgund wählen, zugleich verlobte sie ihn mit ihrer Nichte Ragnoberta, aus welcher Veranlassung weiß ich nicht: auch noch einen andern Plan schmiedeten sie insgeheim, der aber nicht Gott wohlgefällig gewesen sein muß, denn er kam nicht zur Ausführung. Die Hausmeier Erchynoald und Flaochad verständigten sich zu dem Beschluß, durch gegenseitige Hilfsleistung sich einander in ihrer hohen Stellung zu schützen. Flaochad erließ hierauf Briefe an sämtliche Herzoge und Bischöfe von Burgund, worin er einem jeden eidlich gelobte, ihn in Rang und Würde zu lassen und ihn zugleich seiner beständigen Freundschaft versicherte. Wie nun Flaochad in sein hohes Amt eingesetzt war, durchzog er das ganze Reich Burgund und betrieb dabei, in Erinnerung der alten Feindschaft, die er lange im innersten Herzen verborgen hatte, fortwährend den Plan zu der Ermordnung des Patricius Willebad.

## 90.

Willebad besaß große Schätze und hatte sich noch ungemein bereichert, indem er durch verschiedene Mittel das Vermögen von sehr vielen an sich gerissen hatte. Voll Stolz nun auf seine Stellung als Patricius wie auf seinen ungeheuren Reichtum, blähte er sich gegen Flaochad auf und suchte sich über ihn hinwegzusetzen. Flaochad berief alle Bischöfe und Herzoge von Burgund auf den Monat Mai nach Cabillonnum, um daselbst zum Nutzen des Vaterlandes zu tagen. Auch Willebad erschien mit großem Gefolge. Und hier trachtete Flaochad ihn zu töten. Wie Willebad das merkte, wollte er den Palast nicht betreten; aber Flaochad griff ihn vor dem Tore mit Waffengewalt an. Indessen Amalbert, Flaochads Bruder, mischte sich jetzt ein und suchte, als bereits die Gegner handgemein wurden, Frieden zu stiften: das benützte Willebad, hielt den Amalbert mit Gewalt bei sich zurück und entkam so der Gefahr. Inzwischen legten sich auch noch andere ins Mittel und trennten die Parteien, ohne daß es zum Blutvergießen gekommen wäre. Aber seitdem sann Flaochad nur noch heftiger auf Willebads Verderben. In diesem Jahre starb die Königin Nanthild. Im September desselben Jahres zog Flaochad mit dem König Chlodoveus und Erchynoald, dem andern Hausmeier, und einigen neustrasischen Großen von Paris über Senonä und Auticioderum nach Agustedunum; hier berief Chlodoveus den Patricius Willebad vor sich. Da Willebad wußte, daß Flaochad, dessen Bruder Amalbert und die Herzoge Amalgar und Chramnelenus sein Verderben beschlossen hätten, so scharte er eine beträchtliche Anzahl Mannen aus dem Gebiet seines Patriciats, dazu noch Bischöfe und vornehme und tapfere Männer, soviel er konnte, um sich und zog in solcher Begleitung gen Agustedunum. Wie er nun aber doch noch zögerte, unentschlossen, ob er die Stadt betreten oder die Gefahr vermeiden und wieder umkehren sollte, so schickten ihm König Chlodoveus und die Hausmeier Erchynoald, und Flaochad den Haushofmeister Ermenrich entgegen, um ihn durch Versprechungen nach Agustedunum zu locken. Willebad traute auch dem Ermenrich und verehrte ihm ansehnliche Geschenke; zog hinter ihm her nach Agustedunum und ließ in geringer Entfernung vor der Stadt seine Zelte aufschlagen. Noch am nämlichen Tag schickte er Ailulf, den Bischof der Stadt Valencia, und den Grafen Gyso nach Agustedunum hinein, um zu erkunden, was darin vorgehn; Flaochad ließ sie aber nicht wieder heraus. Am andern Morgen rückten Flaochad, Amalgar und Chramnelenus, die einmütig Willebads Verderben beschlossen hatten, in aller Frühe aus den Toren; mit ihnen verbanden sich die übrigen burgundischen Herzoge samt ihrer Mannschaft. Ebenso ergriff auch Erchynoald mit den Neustrasiern, die er um sich hatte, die Waffen und rückte zum Streit aus. Willebad seinerseits rüstete sich zur Schlacht und sammelte, soviel er konnte, um sich. Und nun wurden beide Heerhaufen handgemein, Flaochad und die Herzoge Amalgar, Charmnelenus und Wandelbert kämpften mit ihren Mannen gegen Willebad. Denn die übrigen Herzoge und die Neustrasier, die ihn hätten auf allen Seiten umzingeln sollen, wollten nicht über Willebad herfallen, sondern schauten aus einiger Entferung der Sache zu und wollten den Ausgang abwarten. Da fiel Willebad, und der größte Teil seiner Leute ward durchs Schwert niedergemacht. Vor allen andern tat sich damals der Pfalzgraf Berthar, ein Franke aus dem Gau jenseits des Jura, im Kampf gegen Willebad hervor. Darob ergrimmte der Burgunder Manaulf und trat aus der Reihe der übrigen heraus, mit Berthar zu streiten. Der aber sprach, weil er vormals sein Freund gewesen: „Komm unter meinen Schild, ich will dich aus dieser Gefahr retten." Wie er jedoch zu seiner Rettung den Schild erhob, stach ihm Manaulf mit dem Speer in die Brust. Auch von Manaulfs Leuten wurde Berthar umringt, weil er sich zu weit hervorgewagt hatte, und dabei schwer verwundet. Wie aber Chaubedo, Berthars Sohn, seinen Vater in Todesnöten sah, flog er eilig zu seiner Hilfe herbei, streckte den Manaulf mit dem Speer zu Boden und erlegte auch die andern, alle, die seinen Vater angegriffen hatten. So errettete er, ein getreuer Sohn, unter des Herrn Beistand seinen Vater Berthar vom Tode. Die Herzoge aber, die mit ihrer Mannschaft über Willebad nicht hatten herfallen wollen, plünderten die Zelte Willebads, der Bischöfe und der andern, die ihm gefolgt waren, aus und erbeuteten viel Gold und Silber; auch das übrige sowie die Pferde fielen in die Hände derer, die nicht hatten streiten wollen.

Am folgenden Morgen brach Flaochad von Agustedunum auf und zog nach Cabilonnum. Am Tag nach seinem Einzug entstand, ich weiß nicht durch welche Veranlassung, eine Feuersbrunst, durch die beinahe die ganze Stadt niederbrannte. Den Flaochad traf das Gericht Gottes; vom Fieber ergriffen ließ er sich zu Schiffe bringen und in Eile auf dem Fluß Arar, der den Beinamen Saoconna hat, nach Latona führen, aber unterwegs gab er den Geist auf, elf Tage nach Willebads Tod, und ward begraben in der Kirche des heiligen Benignus vor der Stadt Divio. Die meisten aber sind des Glaubens, daß diese beiden, Flaochad und Willebad, das Gericht Gottes habe untergehen lassen, wegen ihrer Treulosigkeit und ihrer Lügen, und um das Volk von ihrem argen Druck zu erlösen: denn sie hatten sich an den Stätten der Heiligen oftmals gegenseitige Freundschaft geschworen, und ihre Untertanen aus Habsucht unbarmherzig gedrückt und ihnen ihr Vermögen genommen.

# II
## Die Taten
## der Frankenkönige

### 43.

Nach Pippins Tod bestellte Sighibert, der König von Auster, dessen Sohn Grimoald zum Hausmeier. Als aber nach einiger Zeit König Sighibert starb, ließ der Hausmeier Grimoald dessen noch unmündigen Sohn Daigobert scheren und schickte ihn durch den Bischof Dido von Pectavis in die Fremde nach Scocia und setzte seinen eigenen Sohn auf den Thron. Darüber aber erhob sich der heftigste Unwillen von seiten der Franken, sie stellten dem Grimoald nach, ergriffen ihn und schickten ihn zu seiner Bestrafung dem Frankenkönig Chlodoveus zu. In der Stadt Paris ward er in Fesseln gelegt und in den Kerker geworfen und, wie er es für das an seinem Herrn verübte Verbrechen verdiente, mit heftigen Qualen hingerichtet.

## 44.

In der Zeit ließ Chlodoveus, vom Teufel dazu angetrieben, einen Arm des h. Märtyrers Dionysius abschneiden. Zu der nämlichen Zeit kamen schwere und verderbliche Unfälle über das Reich der Franken. Chlodoveus selbst aber führte ein wüstes Leben, war ein Hurer, Weiberschänder, ein Fresser und Säufer. Über seinen Tod und Ende berichtet die Geschichte nichts des Gedächtnisses Würdiges. Denn die Schriftsteller sagen viel Böses von seinem Ende; sie kennen aber nicht den Ausgang seiner Verworfenheit, und da sie unsicher darüber sind, erzählt jeder etwas anderes. Von der Königin Balthilde hatte er, wie sie berichten, drei Söhne, den Chlothar, Childerich und Theuderich. Als er nach 16jähriger Regierung starb, setzten sich die Franken den Chlothar, den ältesten der drei Knaben, zum König, der mit der Königin-Mutter regieren sollte.

## 45.

Nach des Hausmeiers Erchonalds Tod waren die Franken erst unschlüssig, übertrugen aber, nachdem sie sich miteinander beraten hatten, die Würde des Hausmeieramts dem Ebroin. In diesen Tagen starb König Chlothar, noch ein Knabe, nach vierjähriger Regierung. Sein Bruder Theuderich ward nun zum König der Franken erhoben. Seinen anderen Bruder Childerich schickten sie nach Auster, um dort mit dem Herzog Vulfoald die Herrschaft zu übernehmen. Zu der Zeit verschworen sich die Franken gegen Ebroin, auch gegen Theuderich erhoben sie sich und entsetzten ihn des Reichs. Beiden schnitten sie mit Gewalt das Haupthaar ab, den Ebroin schoren sie zum Geistlichen und schickten ihn nach dem Kloster Luxovium in Burgund. Dann riefen sie durch eine Gesandtschaft den König Childerich von Auster herbei und erhoben ihn, als er mit dem Herzog Vulfoald gekommen war, auf den Thron. Es war aber Childerich ein überaus leichtfertiger Mann, der in allen Dingen unklug verfuhr und die Franken schwer drückte, so daß am Ende bitterer Haß und Aufruhr sich gegen ihn erhob. Er ließ einen Franken mit Namen Bodilo an einen Pfahl binden und gegen das Gesetz hauen. Wie das die Franken sahen, erfaßte sie schwerer Zorn, und Ingobert, Amalbert und die übrigen fränkischen Großen verschwuren sich gegen Childerich. Bodilo überfiel ihn mit seinen Mitverschwornen und ermordete ihn und seine schwangere Gemahlin, was schmerzlich zu sagen ist. Vulfoald entkam nur mit Not durch die Flucht und kehrte nach Auster zurück. Die Franken aber wählten den Leudesins, Erchonolds Sohn, zum Hausmeier; aus Burgund nahmen an der Beratung darüber der h. Leudegar, der Bischof von Augustedunum, und sein Bruder Gaerinus Anteil, und waren einverstanden. Wie Ebroin davon Kunde bekam, so ließ er seine Haare wachsen, scharte eine gehörige Hilfsmannschaft um sich und zog kriegerisch gerüstet aus dem Kloster Luxovium fort, zurück nach dem Frankenland. Er schickte nun zu dem h. Audoin und fragte ihn um seinen Rat. Der schrieb ihm bloß die Worte zurück: „Gedenke der Fredegundis." Aber Ebroin, klug wie er war, verstand das, brach bei Nacht mit seinem Heer auf, machte, als er an den

Fluß Ifra kam, die Wächter bei Sancta Maxentia nieder,
setzte dann über den Fluß und tötete, auf wen er von
seinen Feinden stieß. Leudesius entkam mit dem König
Theuderich und sehr vielen Freunden durch die Flucht.
Ebroin aber verfolgte sie bis zu dem Hofgut Bacivus und
setzte sich hier in Besitz der königlichen Schätze. Dann
gelangte er nach Crisciäcus, wo er den König Theuderich
in seine Gewalt bekam. Den Leudesius ließ er vor sich
kommen, nachdem er ihm hinterlistig Sicherheit gelobt
hatte, ermordete ihn dann aber und riß die Herrschaft
mit Klugheit selbst an sich. Den heiligen Bischof Leudegar ließ er nach mancherlei Martern mit dem Schwert
umbringen; auch dessen Bruder Gaerinus verdammte er
zu schrecklicher Strafe. Ihre übrigen Freunde unter den
Franken konnten sich kaum durch die Flucht retten, einige
lebten ihres Vermögens beraubt in der Verbannung.

## 46.

Zu der Zeit herrschten nach Vulfoalds Tod und dem Abgang der Könige Martin und der jüngere Pippin, weiland
Anseghisels Sohn, in Auster. Als aber diese beiden Herzoge in Feindschaft mit Ebroin gerieten, stellten sie ein
zahlreiches austrasisches Heer ins Feld und rückten gegen
König Theuderich und Ebroin aus. Bei dem Ort Lucofaus
kam es zu einer blutigen Schlacht, in der von beiden Seiten viel Volk getötet wurde. Die Austrasier wurden besiegt und flohen. Ebroin verfolgte sie mit mörderischem
Schwert und verheerte den größten Teil jenes Landstrichs.
Martin flüchtete sich nach Laudunum Clavatum und

schloß sich in der Stadt ein. Pippin entkam anderswohin.
Ebroin kehrte nun nach erfochtenem Sieg zurück und
kam mit zahlreicher Mannschaft nach dem Hofgut Erchrecus. Dann schickte er Boten an Martin ab, er möge auf
eidliche Zusicherung ohne Gefährdung zu König Theuderich kommen. Aber mit Trug und Hinterlist legten sie
ihre Eide auf leere Reliquienkästen ab. Martin aber traute
ihnen und ward, wie er nach Erchrecus kam, mit seinen
Gefährten getötet.

## 47.

Ebroin behandelte nun nach und nach die Franken immer
härter und grausamer. Als er aber auch gegen den Franken Ermenfred Anschläge machte, so merkte das dieser,
überfiel ihn bei Nacht und ermordete ihn, dann floh er
nach Auster zu Pippin. Die Franken aber hielten Rat und
machten mit Willen des Königs an Ebroins Statt den Waratto, einen erlauchten Mann, zum Hausmeier. Dieser
erhielt Geiseln von Pippin und schloß Frieden mit ihm.
Waratto hatte aber einen tätigen und unternehmenden
Sohn mit Namen Chislemar, der war von wilder Gemüts-
art und rauhen Sitten, erhob sich wider seinen Vater und
verdrängte ihn ganz aus seiner hohen Stellung. Der h.
Bischof Audoin ermahnte ihn, seinen Vater nicht so
ruchlos zu behandeln, aber jener hörte darauf nicht. Zwischen diesem Chislemar und Pippin kam es zum Streit
und häufigen Kriegen. Aber wegen des gegen seinen Vater
verübten Unrechts und wegen anderer schwere Sünden
traf ihn die Hand Gottes, und er starb, wie es ihm der

heilige Audoin vorausgesagt hatte. Nach seinem Tod nahm Waratto sein voriges Amt wieder ein. In diesen Tagen starb der h. Bischof Audoin von Rotomagus auf dem königlichen Hofgut Clepiacus bei Pairs und ward mit großer Pracht in der Kirche des h. Apostels Petrus zu Rotomagus begraben.

## 48.

In der folgenden Zeit starb der ehgenannte Waratto. Er hatte eine edle, kluge Gemahlin namens Anseflidis. Die Franken waren abweichender Meinung, bis sie sich endlich mit ihrer Wahl zum Hausmeier auf den Bercharius, einen unansehnlichen, unklugen und zum Rat untauglichen Mann verirrten. Doch waren sie zwieträchtig untereinander, da erhob sich Pippin in Auster und rückte mit zahlreichem Heer gegen König Theuderich und Bercharius ins Feld. Bei dem Ort Textricium trafen sie zur Schlacht zusammen, König Theuderich floh mit dem Hausmeier Bercharius davon, Pippin aber blieb Sieger. Nachmals ward Bercharius von seinen schmeichlerischen Freunden umgebracht, und auf Antrieb der Anseflidis übernahm Pippin die Regierung und wurde König Theuderichs Hausmeier. Er setzte sich in den Besitz der Schätze und kehrte, nachdem er einen seiner Leute namens Nordebert bei dem König gelassen hatte, nach Auster zurück. Pippin hatte eine edle und überaus kluge Gemahlin mit Namen Plectrudis; er zeugte zwei Söhne mit ihr: Drocus hieß der Ältere, Grimoald der Jüngere. Drocus erhielt das Herzogtum Campania.

## 49.

Es starb aber König Theuderich nach neunzehnjähriger Herrschaft, worauf sein von der Königin Chrodchilde geborener Sohn Chlodoveus, noch ein Knabe, den Thron einnahm. Jedoch er starb nicht lange darauf nach zweijähriger Regierung. Nun wurde sein erlauchter Bruder Childebert auf den Thron gesetzt. Zu derselben Zeit starb auch Nordebert. Grimoald, Pippins jüngerer Sohn, wurde Hausmeier in Childeberts Palast. Pippin selbst führte viele Kriege mit dem Heiden Radbod und anderen Fürsten, mit den Schwaben und vielen anderen Völkerschaften. Grimoald erzeugte mit seinem Kebsweib einen Sohn mit Namen Theudoald. Um dieselbe Zeit aber starb Pippins Sohn Drocus. Der Fürst Pippin hatte von einer andern Frau einen Sohn Karl, einen schönen, trefflichen und tapferen Mann.

## 50.

Sodann ging auch der gerechte König Childebert seligen Angedenkens zum Herrn ein. Er hatte siebzehn Jahre regiert und ward begraben im Kloster Cauciacus in der Kirche des heiligen Märtyrers Stephanus. Auf ihn folgte sein Sohn Dagobert. Grimoald heiratete damals die Teudesinda, die Tochter des heidnischen Herzogs Radbod. Und es war dieser Grimoald ein frommer, demütiger, milder und gerechter Hausmeier. Wie er aber zum Besuche seines kranken Vaters, des Fürsten Pippin, gekommen war, wurde er in der Kirche des heiligen Märtyrers

Landebert zu Lüttich von dem Heiden Rantgar, einem
Sohn Belials, ermordet. Seinem Sohn Theudoald aber
wurde auf Befehl des Großvaters Pippin das väterliche
Ehrenamt übertragen.

## 51.

Zu der Zeit starb auch Pippin von heftigem Fieber ergriffen. Er hatte 27 und ein halbes Jahr hindurch unter den
angeführten Königen die höchste Stellung eingenommen.
Seine Gemahlin Plectrudis führte nun mit ihren Enkeln
und dem König die gesamte Regierung in kluger Weise.
In jenen Tagen kam es auf Anstiften des Teufels zwischen
den Franken abermals zum Kampf, sie fielen im cocischen Wald übereinander her und richteten eine große
Metzelei an; Theudoald aber rettete sich durch die Flucht.
Nun erhob sich schwere Verfolgung. Da Theudoald vertrieben war, wurde Ragamfred zum Hausmeier gewählt.
Der bot nun mit dem König das Kriegsheer auf und zog
durch den Kohlenwald; den Landstrich bis zur Maas verheerten sie mit Feuer und Schwert und schlossen mit
dem heidnischen Herzog Radbod ein Freundschafts-
bündnis. In diesen Tagen entkam Karl durch Gottes Beistand mit genauer Not aus der Haft, in der er bis dahin
von der Frau Plectrudis gehalten worden war.

## 52.

In der folgenden Zeit erkrankte König Dagobert und starb nach fünfjähriger Regierung. Die Franken setzten nun den Geistlichen Daniel, dessen Haupthaar sie wieder wachsen ließen, auf den Thron und nannten ihn Chilperich. Hierauf stellten sie abermals ein Heer ins Feld und rückten bis zur Maas gegen Karl vor; auf der andern Seite erhoben sich die Friesen unter ihrem Herzog Radbod. Über diese fiel Karl zuerst her, erlitt jedoch dabei einen sehr schweren Verlust und mußte fliehen. Hierauf rückte Chilperich selbst mit Ragamfred und dem Aufgebot des Heeres abermals aus und zog über den Ardennerwald das Land verwüstend bis an den Rhein zur Stadt Köln. Nachdem sie von der Frau Plectrudis viel Geld bekommen hatten, kehrten sie wieder heim. Aber unterwegs fiel Karl bei Amblava über sie her und brachte ihnen einen schweren Verlust bei.

## 53.

Darauf bot Karl sein Heer auf und zog gegen Chilperich und Ragamfred in den Krieg. Diese sammelten gleichfalls ihre Leute und machten sich in Eile zum Streit bereit. Karl machte nun Friedensvorschläge; aber jene verwarfen sie und rückten am Morgen des Sonntags Quadragesimä, den 21. März, bei dem Orte Vinciacus ins Treffen vor. Nach tapferem Kampf floh Chilperich mit Ragamfred. Karl blieb Sieger und kehrte, nachdem er jene Gegenden verheert und ausgeplündert hatte, mit vieler Beute nach

Auster zurück. Hierauf zog er nach der Stadt Köln, wo er
mit der Frau Plectrudis Streit erhob, bis ihm der Schatz
seines Vaters ausgeliefert wurde. Dann setzte er sich er
einen König mit Namen Chlothar Chilperich also und
Ragamfred riefen jetzt den Herzog Eudo zur Hilfe herbei,
der auch mit einem Heer gegen Karl ins Feld rückte. Wie
ihm aber dieser unerschrocken und festen Sinnes entge-
genzog, floh Eudo nach Paris zurück. Auch Chilperich zog
sich mit dem königlichen Schatz hinter den Liger zurück,
von Karl vergeblich verfolgt. In diesem Jahr starb König
Chlothar. Im folgenden Jahr schickte Karl eine Gesandtschaft an Eudo und schloß Freundschaft mit ihm, worauf
dieser den König Chilperich nebst reichem Gut an ihn
auslieferte. Chilperich regierte aber nicht mehr lange, er
starb und ward in der Stadt Noviomum begraben, nachdem er fünf und ein halbes Jahr König gewesen war. Die
Franken aber machten den Theuderich, den Sohn Dagoberts des Jüngeren, der bisher im Kloster Cala aufgezogen worden war, zu ihrem König, welcher den Thron jetzt
im sechsten Jahre innehat.

# III
## Die Fortsetzungen des Fredegar

### 1.

(91.) Chlodoveus also, Dagoberts Sohn, nahm eine Königin von fremdem Stamm, mit Namen Baldethilde, eine kluge und schöne Frau, und er zeugte mit ihr drei Söhne, Chlothar, Childerich und Theuderich. Und er hatte zum Hausmeier einen tapferen und weisen Mann, Erchonoald mit Namen. Chlodoveus also hatte Frieden in seinem Reich, ohne Krieg. In den letzten Jahren seines Lebens aber wurde er wahnsinnig, und starb, nachdem er 18 Jahre regiert hatte. (92.) Die Franken erhoben seinen ältesten Sohn Chlothar zum König, mit der vorgenannten Königin Mutter.

### 2.

Um dieselbe Zeit starb auch Erchonoald, der Hausmeier. Die Franken waren zuerst unschlüssig, aber nachdem sie Rat gehalten, erhoben sie Ebroin zu diesem Amt und die-

ser Würde. (93.) In diesen Tagen wurde der König Chlothar von heftigem Fieber ergriffen und starb in jungen
Jahren, nachdem er vier Jahre regiert hatte. Sein Bruder
Theuderich folgte ihm in der Regierung; Childerich nämlich, der dritte Bruder, wurde in Auster von den Franken
auf den Thron erhoben, bei dem Herzog Vulfoald. (94.)
Um diese Zeit machten die Franken eine Verschwörung
gegen Ebroin, erhoben sich auch gegen Theuderich und
entsetzten ihn des Reiches. Sein Haupthaar schoren sie
ihm ab und auch den Ebroin schoren sie und schickten
ihn gegen seinen Willen nach Burgund in das Kloster
Luxovium; dann sandten sie Boten nach Auster, um den
König Childerich zu laden. Dieser kam mit dem Herzog
Vulfoald, und sie setzten ihn über das ganze Reich. (95.)
Childerich aber war leichtfertig und allzu rasch in seinem
Tun: er brachte die Franken zum Streite widereinander,
zu Spott und Schande, so daß ein großer Haß unter ihnen
erwuchs bis zum Ärgernis und Verderben. Als das Unwe-
sen zunahm, ließ er einen edlen Franken namens Bodilo
gegen das Gesetz an einen Pfahl binden und mit Ruten
schlagen. Als die Franken das sahen, wurden sie von großem Zorn ergriffen, Ingobert nämlich und Amalbert und
die übrigen Großen der Franken, und erhoben sich im
Aufstand gegen Childebert. Der vorgenannte Bodilo erhob sich gegen ihn mit vielen Genossen, und sie stellten
dem König nach; im Wald Lauconis töteten sie ihn und
seine schwangere Gemahlin, Belichilde mit Namen, was
schrecklich zu sagen ist. Vulfoald rettete sich durch die
Flucht und kehrte nach Auster zurück. Die Franken aber
erwählten den edlen Mann Leudesius, Erchonoalds Sohn,
zum Hausmeier, nach dem Rat des seligen Leudegarius

und seiner Genossen. (96.) Als Ebroin von dieser Zwietracht hörte, daß die Franken unter sich uneinig wären,
ratschlagte er mit seinen Freunden, die er zu seiner Hilfe
herbeirief, eine große Anzahl, verließ das Kloster Luxovium mit Heeresmacht und kehrte nach Francien zurück.
Er gelangte bis zum Fluß Isra, tötete die Wächter bei
Sancta Maxencia im Schlaf, setzte dann über den Fluß
Isra und tötete alle, welche ihm nachstellten, die er da
fand. Der Hausmeier Leudesius flüchtete mit den Schätzen des Königs und entkam. Aus dem Hofgut Bacivus
rettete er sich durch die Flucht; als Ebroin dort ankam,
bemächtigte er sich der vorgefunden Schätze. Von dort
kam er nach dem Hofgut Criscecus in Pontium, und
täuschte den Leudesius, indem er hinterlistigerweise vor-
gab, daß er ihm Sicherheit geloben wolle, sie schlossen
einen beschworenen Vertrag, nach welchem sie in Frieden voneinander gehen sollten. Aber Ebroin handelte
nach seiner Gewohnheit trügerisch, er legte seinem Ge-
vatter einen Hinterhalt und brachte den Leudesius ums
Leben. Den König Theuderich setzte er wieder in seine
Herrschaft ein und stellte mit Klugheit seine eigene Regierung her. Den heiligen Bischof Leudegarius ließ er
nach den grausamsten Martern mit dem Schwert hinrichten, und Gaerenus, dessen Bruder, tötete er unter Martern. Die übrigen Franken aber, welche ihre Genossen
waren, retteten sich durch die Flucht; sie überschritten
den Liger und flüchteten bis zu den Wasconen; sehr viele
aber, welche zur Verbannung verdammt waren, kamen
nicht wieder zum Vorschein.

## 3.

(97.)In Auster herrschten nach Herzog Vulfoalds Tod der
Herzog Martin und Pippin, der Sohn Anseghysils, wei-
land des edlen Franken, nach dem Tod der Könige. Da
nun diese Fürsten mit Ebroin in Streit gerieten, rückten
Martin und Pippin zum Kampf gegen König Theuderich
aus. Sie zogen mit ihrem Heer bis zu einem Ort, der
Lucofao heißt, und dann kam es zur Schlacht; mit großer
Heftigkeit wurde hier gestritten, und auf beiden Seiten
fiel eine sehr große Menge Volks. Martin und Pippin mit
ihren Leuten wurden besiegt und ergriffen die Flucht;
Ebroin verfolgte sie und verwüstete den größten Teil jenes
Landes. Martin zog deshalb in Laudunum clavatum ein
und verschanzte sich hinter den Mauern der Stadt. Ebroin verfolgte ihn und als er bis zum Hofgut Erchregus
gekommen war, schickte er Boten nach Laudunum clavatum, Aglibert und Reolus, den Bischof von der Stadt Remi,
damit sie ihm Sicherheit gelobten, aber sie legten falsche
Eide auf leere Reliquienkästen ab. Er aber glaubte ihnen,
verließ Laudunum clavatum mit seinen Freunden und
Genossen, und als er nach Erchregus kam, wurde er mit
allen seinen Leuten umgebracht.

## 4.

(98.) Ebroin bedrückte auch die Franken mit immer grö-
ßerer Grausamkeit, bis er zuletzt dem Franken Ermfred
nachstellte und einen Anschlag machte, ihm sein Vermögen zu nehmen. Da ratschlagte dieser mit den Seinigen,

sammelte bei Nacht eine Schar seiner Genossen, fiel über Ebroin her und tötete ihn. Darauf entkam er mit seinen Schätzen zum Herzog Pippin nach Auster. Darauf hielten die Franken einen Rat und erhoben an seiner Stelle den Warato, einen erlauchten Mann, zur Ehre des Hausmeiers. Deshalb nahm der ebengenannte Warato Geiseln vom Herzog Pippin, und sie schlossen Frieden miteinander. Es hatte aber damals Warato einen sehr tüchtigen und tätigen Sohn, erfahren im Rate, der an der Stelle seines Vaters den Palast verwaltete, mit Namen Chislemar, welcher vermöge seiner großen List und Schlauheit den Vater aus seinem Ehrenamt verdängte. Ihn schalt häufig der heilige Bischof Audoenus und ermahnte ihn, daß er mit seinem Vater Frieden mache oder seine Verzeihung nachsuche, aber er wollte ihn nicht hören und verharrte in seiner Herzenshärtigkeit. Es waren nun zwischen Pippin und diesem Chislemar viele Streitigkeiten und Bürgerkriege. Denn er machte sich einstmals auf nach der Feste Namucum gegen das Heer des Herzogs Pippin, und bekam daselbst durch falschen Eidschwur, den er hinterlistig ablegte, sehr viele vornehme Männer in seine Gewalt und brachte sie um. Von da heimgekehrt aber wurde er wegen der Verdrängung seines Vaters und vieler anderer Schlechtigkeiten, welche er treuloserweise verübt hatte, von Gott geschlagen, wie er es verdiente, und gab seinen nichtswürdigen Geist auf. Nach seinem Tod nahm sein Vater Warato die Würde eines Hausmeiers wieder in Besitz. (99.) Um dieselbe Zeit ging der heilige Bischof Audoenus, reich an Tugenden, zum Herrn ein.

## 5.

Um diese Zeit starb auch der ebengenannte Hausmeier Warato. Er hatte eine energische Gemahlin von edler Abkunft, mit Namen Ansfledis, deren Eidam namens Bercharius das Amt des Hausmeiers im Palast übernahm. Er war klein von Gestalt, von mäßigem Verstande, leichtsinnig und vorschnell, und verachtete häufig die Freundschaft und die Ratschläge der Franken. Darüber aufgebracht verließen die Franken Audoramnus, Reolus und viele andere den Bercharius, und verbündeten sich durch Stellung von Geiseln und Bündnis mit Pippin, den sie gegen Bercharius und die Gegenpartei unter den Franken aufreizten. (100.) Pippin also bot sein Heer auf und erhob sich, von Auster herbeieilend, gegen König Theuderich und Bercharius. Sie trafen zusammen in der Virmandensischen Stadt, und es kam zur Schlacht bei dem Ort Textricium. Pippin mit den Austrasiern hatte das Übergewicht, und König Theuderich ergriff mit Bercharius die Flucht. Pippin war siegreich, verfolgte sie und unterwarf sich das Land. Bald darauf wurde Bercharius von seinen Schmeichlern und falschen Freunden umgebracht, auf Anstiften der Frau Ansfledis, seiner Schwiegermutter. Darauf bemächtigte sich Pippin des Königs Theuderich mit seinen Schätzen, und des Palastes, und besorgte alle Regierungsgeschäfte. Er hatte auch eine sehr kluge Gemahlin von edler Abkunft, mit Namen Plectrudis, und mit ihr erzeugte er zwei Söhne; der ältere hieß Drocus, der jüngere aber Grimoald.

## 6.

(101.)Es starb aber der König Theuderich, nachdem er 17 Jahre König gewesen war; sein kleiner Sohn Chlodovich wurde nach ihm zum König erwählt. Nach wenigen Jahren erkrankte dieser König Chlodovich und starb, nachdem er vier Jahre König gewesen war; ihm folgte sein Bruder Childebert. Drocus aber, den sein Vater Pippin erzogen hatte, erhielt das Herzogtum über Campanien. Grimoald, der jüngere, wurde mit König Childebert zum Hausmeier der Pfalz über die Franken erwählt. Er war ein sehr milder Mann, von aller Güte und Sanftmut erfüllt, und anhaltend im Gebet. (102.) Pippin zog gegen Radbod, den heidnischen Herzog des Friesenvolkes, zu Felde, und bei der Burg Duristete kam es zur Schlacht. Pippin blieb Sieger; er schlug den Herzog Radbod in die Flucht mit den Friesen, welche entkommen waren, und kehrte mit vieler Beute heim. Darnach wurde Drocus, Pippins Sohn, von heftigem Fieber ergriffen und starb; er wurde begraben in der Basilica des heiligen Bekenners Arnulf in der Stadt Metz. Grimoald erzeugte von einem Kebsweib einen Sohn mit Namen Theudoald. (103.) Der obengenannte Pippin also nahm eine andere Frau zur Gemahlin von edler Abkunft und schön, Chalpaida mit Namen, mit welcher er einen Sohn erzeugte, den nannte er nach seiner Muttersprache Carlo, und der Sohn wuchs heran und wurde ein schöner und trefflicher Mann.

## 7.

(104.) Es starb in diesen Tagen der König Childebert und wurde begraben zu Cauciaecus in der Kirche des heiligen Märtyrers Stephanus; 16 Jahre hatte er regiert. Dagobert, sein Sohn, erhielt den Thron seines Vaters. Grimoald also nahm die Tochter des Friesenherzogs Radbod zur Ehe. Als Pippin erkrankte, zu Jobvilla an der Maas, kam Grimoald hin, ihn zu besuchen, und wurde, als er zum Gebet in die Kirche des heiligen Märtyrers Landeberts gekommen war, von einem grausamen und gottlosen Mann namens Rantgar erschlagen. Darauf erhielt sein kleiner Sohn Theudoald an seiner Stelle mit dem vorgenannten König Dagobert die Hausmeierwürde im Palast.

## 8.

Darnach starb dieser Herzog Pippin an seiner Krankheit; er regierte aber das Volk der Franken 27 und ein halbes Jahr, und hinterließ seinen Sohn Carl. Nach seinem Tod verwaltete und regierte die vorgenannte Frau Plectrudis alles nach ihrer Einsicht. Zuletzt wandten sich die Franken törichterweise zum Bürgerkrieg; im Cocischen Wald lieferten sie eine Schlacht und kämpften gegen Theudoald und die Leute Pippins und Grimoalds, und es fand dort ein großes Heer den Tod. Theudoald wurde von seinen Leuten gerettet und entkam durch die Flucht. Eine große und schwere Verwirrung und Verfolgung erhob sich im Frankenvolk. (105.) Um dieselbe Zeit wählten sie zur Würde eines Hausmeiers einen Franken namens Ragam-

fred, und nachdem sie das Heer aufgeboten hatten, eilten
sie, alles verwüstend, an die Maas. Mit dem Herzog Radbod schlossen sie ein Bündnis. Zu dieser Zeit wurde der
Herzog Karl von der vorgenannten Frau Plectrudis in Haft
gehalten, aber mit Gottes Hilfe befreit.

### 9.

(106.)Darauf starb König Dagobert, nachdem er 5 Jahre
regiert hatte. Die Franken aber setzten einen König Chilperich ein. Wieder boten sie das Heer auf und zogen
gegen den erwähnten Karl; von den andern Seiten forderten sie den Herzog Radbod auf, mit einem Friesenheer zu
kommen. Gegen diesen erhob sich der vorgenannte Mann
Karl mit seinem Heer, sie stritten miteinander, aber er
erlitt da einen nicht geringeren Verlust an tapfern und
edlen Männern, und da er sah, daß sein Heer schwer
beschädigt war, ergriff er die Flucht. Chilperich und Ragamfred sammelten ihr Heer, zogen durch den Wald Ar-
duenna, während von der anderen Seite Herzog Radbod
mit seinem Heer sie erwartete, und kamen bis zur Stadt
Köln am Rheinstrom, indem sie gemeinsam jene Lande
verwüsteten.

### 10.

Darauf bot Karl sein Heer auf und zog gegen Chilperich
und Ragamfred. Sie lieferten eine Schlacht am Sonntag in
der Fasten, am 21. März, an einem Ort namens Vincecus

im Camaracensischen Gau, und es geschah ein großes Blutvergießen auf beiden Seiten. Chilperich und Ragamfred wurden besiegt und ergriffen die Flucht; sie wandten den Rücken und entkamen. Karl verfolgte sie und eilte bis nach Paris. (107.) Darauf kehrte er nach Köln zurück und nahm die Stadt. Hierauf öffnete Plectrudis die Schätze seines Vaters, übergab sie ihm und unterwarf alles seiner Herrschaft. Er erhob für sich einen König mit Namen Chlothar. Chilperich also und Ragamfred richteten eine Gesandtschaft an Eudo, baten ihn um seine Hilfe und übergaben ihm das Reich und viele Geschenke. Er bot auch das Heer der Waskonen auf, kam zu ihnen, und gemeinsam rückten sie nun gegen Karl. Dieser aber eilte unerschrocken und mit standhaftem Mut ihnen entgegen. Eudo geriet in Schrecken, so daß er nicht zu widerstehen vermochte, und ergriff die Flucht, Karl erhielt durch seine Boten vom Herzog Eudo den vorgenannten König Chilperich. Darauf kam dieser nach der Stadt Noviomum, wo er nach nicht langer Zeit sein Leben und seine Regierung beendigte und starb; er regierte 6 Jahre. Nach seinem Tod erhoben sie den König Theuderich auf den Thron, welcher jetzt die Herrschaft innehat, und die weiteren Jahre seines Lebens noch erwartet.

## 11.

Hierauf verfolgte der Fürst Karl den Ragamfred, belagerte die Stadt Andegavis, verwüstete die dortige Gegend und zog dann mit reicher Beute heim. (108.) Da in dersel-

ben Zeit sich die Sachsen empört hatten, so überzog sie
Karl mit Krieg, kam ihnen zuvor, unterwarf sie und kehrte
dann siegreich zurück.

## 12.

Nach Verlauf eines Jahres setzte er mit Heeresmacht über
den Rhein, suchte die Alamannen und Schwaben heim,
und rückte dann über die Donau ins bairische Gebiet.
Nachdem er dies Land unterworfen hatte, kehrte er mit
großen Schätzen und der Frau Beletrude und ihrer Nichte
Sunnichilde nach Hause zurück.

## 13.

Zu der nämlichen Zeit brach der Herzog Eodo den mit
ihm abgeschlossenen Vertrag. Wie dem Fürsten Karl diese
Botschaft zukam, rückte er mit seinem Heer über den
Liger, schlug den Herzog Eodo in die Flucht und kehrte
mit großer Beute, die er in zwei wiederholten Feldzügen
gemacht, wieder heim. Wie Herzog Eodo sich besiegt
und verachtet sah, rief er das ungläubige Volk der Sarazenen zum Beistand auf gegen den Fürsten Karl und das
Volk der Franken. Sie erhoben sich also und rückten unter ihrem König Abdirama über die Geronna nach der
Stadt Burdigala, brannten hier die Kirchen nieder und
töteten die Einwohner. Von da zogen sie nach Pectavis
und verbrannten die Kirche des heiligen Hilarius, was zu
berichten schmerzlich ist. Schon machten sie sich auf, um

das Haus des heiligen Martinus zu zerstören, da rückte
der Fürst Karl kühn gegen sie zur Schlacht, fiel über sie
her und zerstörte mit Christi Beistand ihr Lager; ihr König Abdirama wurde getötet, das ganze Heer besiegt und
niedergemacht. Also triumphierte Karl über seine Feinde.

## 14.

(109.) Im darauffolgenden Jahre drang der treffliche Streiter Karl in Burgund ein und setzte an die Grenzen dieses
Reiches die Erprobtesten und Tätigsten seiner Mannen,
um den aufrührerischen wie den ungläubigen Völkern
Widerstand zu leisten; nachdem er Frieden geschaffen
hatte, übergab er das Lugdonensische Gallien seinen Getreuen. Nach Herstellung der gerichtlichen Ordnung
kehrte er siegreich und getrosten Mutes wieder heim.

## 15.

In jenen Tagen starb Eodo. Wie das der Fürst Karl ver-
nahm, zog er unter Beistimmung seiner Großen abermals
über den Liger, rückte bis zur Stadt Burdigala und der
Burg Blavia an die Geronna und setzte sich in den Besitz
jenes ganzen Landstrichs samt allen Städten und Burgen.
Siegreich und im Frieden kehrte er wieder heim unter
Beistand Christi, des Königs der Könige, des Herrn der
Herren. Amen.

## 16.

Die Anzahl der bisher verlaufenen Jahre berechnet sich folgendermaßen: von Adam oder dem Beginn der Welt bis zur Sintflut 2242 Jahre; von der Sintflut bis auf Abraham 942 Jahre; von Abraham bis auf Moses 505 Jahre; von Moses bis auf Salomo 479 Jahre; von Salomo bis zur Wiedererbauung des Tempels zur Zeit des Perserkönigs Darius 512 Jahre; von der Wiederherstellung des Tempels bis zur Ankunft unsres Herrn Jesu Christi 548 Jahre. Gewiß sind von Anbeginn der Welt bis zum Leiden unsres Herrn Jesu Christi 5228 Jahr, und vom Leiden des Herrn bis zu diesem gegenwärtigen Jahre, welches in dem Zyklus des Victorius das 177te ist, am 1. Januar, einem Sonntag, 735 Jahre, und um dieses Jahrtausend zu erfüllen, bleiben noch 63 Jahre übrig.

## 17.

Nachträglich muß ich hier noch erzählen, was ich oben vergaß. Als das wilde Seevolk der Friesen sich von neuem zu schwerem Krieg erhob, unternahm der obengenannte Fürst unverweilt einen kühnen Seezug, fuhr mit der gehörigen Anzahl von Schiffen auf die hohe See und drang vor bis zu den friesischen Inseln Wistrachia und Austrachia, am Fluß Bordine schlug er ein Lager auf. Der heidnische Herzog Bubo, ihr hinterlistiger Ratgeber, ward getötet und ihr Heer besiegt. Karl zerstörte und verbrannte ihre Götzentempel und kehrte als Sieger mit vieler Beute ins Frankenreich zurück.

## 18.

Herzog Karl, der kluge Mann, rückte also mit seinem Heer nach dem Land Burgund, gegen die gallische Stadt Lugdunum, unterwarf die Ältesten und Vorsteher dieser Provinz seiner Herrschaft, setzte allenthalben bis nach den Städten Marsilia und Arlatum seine Richter ein, und kehrte dann mit großen Schätzen und Geschenken nach dem Reich der Franken und zum Sitz seiner Herrschaft zurück.

## 19.

Ebenso als sich die heidnischen Sachsen, die jenseits des Rheins wohnen, empörten, brach Karl, der tapfere Mann, mit dem fränkischen Heer auf, setzte nach klugem Plan, da wo die Lippe einmündet, über den Rheinstrom, verwüstete den größten Teil jenes Landstrichs mit vielem Blutvergießen, machte das wilde Volk zum Teil zinspflichtig, ließ sich viele Geiseln von ihm stellen, und kehrte dann mit Gottes Hilfe siegreich nach Hause zurück.

## 20.

Abermals empörte sich das mächtige Volk des Ismaheliter, die mit verdorbenem Namen jetzt Sarazenen heißen, und drang über den Fluß Rodanus. Unterstützt von der Treulosigkeit und der Hinterlist des Maurontus und einiger seiner Genossen, rückten die Sarazenen mit Heeresmacht in die stark befestigte und hüglige Stadt Avennio ein, und verwüsteten das Land, da es ihnen Widerstand leistete. Aber gegen sie schickte der treffliche Herzog Karl seinen Bruder, den Herzog Childebrand, einen unternehmenden Mann, nebst den übrigen Herzogen und Grafen und mit allem, was zum Krieg gehörte, nach jener Gegend. In Eile zogen diese dahin ab und schlugen vor der Stadt ihre Zelte auf, besetzten die Umgegend und die Vorstädte, belagerten die starke Feste und rüsteten sich zur Schlacht, bis der tapfere Kriegsmann Karl anrückte, die Mauern einschloß, ein Lager schlug und mit Heeresmacht die Stadt angriff. Jetzt fiel man, wie einst vor Jericho, unter Kriegsgeschrei und dem Schall der Trompeten, mit Maschinen und Strickleitern die Mauern und Bollwerke an, drang in die feste Stadt ein, zündete sie an, nahm die Feinde gefangen oder machte sie mit dem Schwert nieder, und nahm vollständig wieder von dem Platze Besitz. Der kühne und tapfere Karl setzte nun siegreich mit seinem Heer über den Rodanus, drang in das Gebiet der Goten bis zum Narbonensischen Gallien vor und belagerte die Stadt selbst, ihre hochberühmte Hauptstadt. An dem Fluß Adix schlug er ein festes kreisförmiges Lager mit Schanzen gleich Widdern auf, schloß den Sarazenenkönig Athima mit seiner Mannschaft ein und umzingelte die Stadt von allen Seiten.

Wie die Fürsten und Großen der Sarazenen, die sich damals in Spanien festgesetzt hatten, davon Kunde erhielten, so rückten sie unter einem andern König namens Amormacha mit Heeresmacht tapfer gegen Karl zur Schlacht herbei. Der siegreiche Herzog Karl stieß auf sie an dem Fluß Byrra bei dem Palast im Tal Corbaria. Als es

hier zur Schlacht kam, erlitten die Sarazenen eine vollständige Niederlage, und als sie sahen, daß ihr König
gefallen sei, so wandten sie sich zur Flucht. Die, welche
sich gerettet hatten, wollten zu Schiff entfliehen, aber wie
sie im seichten Meer schwammen, hinderte einer den
andern. Da fielen die Franken auf Fahrzeugen und mit
Wurfgeschossen über sie her, so daß sie in den Fluten den
Tod fanden. So triumphierten die Franken über ihre
Feinde und machten ungeheure Beute und viele Gefan-
gene; dann verwüsteten sie unter ihrem sieghaften Herzog das Gotenland. Die berühmten Städte Remausum,
Agate und Biterris wurden von Karl mit ihren Mauern
und Gebäuden von Grund aus zerstört und niedergebrannt, die Umgegend und die Burgen des Landes verwüstet. Nachdem so unter dem Beistand Christi, der allen Sieg verleiht, die feindlichen Scharen besiegt waren,
zog Karl wohlbehalten heim ins Land der Franken, zum
Sitz seines Fürstentums.

## 21.

Darauf ließ Karl abermals in demselben Jahre unter seinem Bruder Childebrand und vielen Herzogen und Grafen ein Heer nach der Provinz rücken; wie sie in der Stadt
Avennio waren, kam Karl selber in Eile nach und unterwarf das ganze Land bis zum Ufer des großen Meeres
seiner Herrschaft. Der Herzog Maurontus floh in unzu-
gängliche Felsenschlösser am Meer. Der Fürst Karl aber
kehrte, nachdem er das Land erobert hatte, ohne daß sich
jemand gegen ihn erhob, siegreich ins Frankenreich zu-

rück. Nach seiner Heimkehr jedoch überfiel ihn auf dem
Hofgut Vermbria an dem Fluß Isra eine Krankheit.

## 22.

(110.) Zu der Zeit schickte Papst Gregor (III) vom Stuhl
des heiligen Apostels Petrus zu Rom zweimal eine Gesandtschaft an den Fürsten Karl mit den Schlüsseln des
heiligen Grabes und großen und reichen Geschenken, was
nie zuvor gesehen oder erhört worden war. Der Papst
versprach, die Partei des Kaisers zu verlassen und das
römische Konsulat auf den Fürsten Karl zu übertragen.
Karl empfing nun die Gesandten mit den größten Ehren-
bezeugungen und machte ihnen kostbare Geschenke.
Hierauf schickte er den Grimo, den Abt des Klosters Cor-
beja, und den Sigobert, der als Klausner an der Kirche
des heiligen Märtyrers Dionysius wohnte, und andere mit
großen Geschenken nach Rom zu den Schwellen des heiligen Petrus und des h. Paulus.

## 23.

Darnach verteilte Karl mit dem Rat seiner Großen die
Reiche unter seine Söhne: dem Erstgebornen, der Karlmann hieß, gab er Auster, Schwaben, das nun Alamannia
genannt wird, und Thoringien. Seinen andern Sohn, mit
Namen Pippin, setzte er über Burgund, Neustrien und
die Provinz.

**24.**

In diesem Jahre bot Pippin sein Heer auf und zog mit seinem Oheim, dem Herzog Childebrand, und mit vielem Adel und einer großen Schar seiner Leute nach Burgund und nahm von dem Lande Besitz. Unterdessen erschienen, was zu sagen schmerzhaft und kummervoll ist, Vorboten des Unheils; neue Zeichen war zu sehen an Sonne, Mond und Sternen, und die Feier des heiligen Osterfestes wurde gestört. Der Fürst Karl aber ward, nachdem er die Kirche des h. Märtyrers Dionysius zu Paris mit reichen Geschenken bedacht hatte, in der Pfalz zu Cariciacus an der Isra von heftigem Fieber ergriffen und starb in Frieden. Alle Lande ringsherum hatte er an sich gebracht, die beiden Reiche aber 25 und ein halbes Jahr hindurch regiert. Er starb also am 22. Okt. und ward zu Paris in der Kirche des h. Märtyrers Dionysius begraben.

**25.**

(111.) Seine Tochter Chiltrud ging nach dem ruchlosen Rat ihrer Stiefmutter mit Hilfe ihrer Diener heimlich über den Rhein und gelangte zu Odilo, dem Herzog von Baiern. Dieser nahm sie gegen Willen und Wissen ihrer Brüder zur Ehe.

Als mittlerweile die Waskonen im Lande Aquitanien unter dem Herzog Chunoald, dem Sohn des verstorbenen Eudo, sich empörten, so zogen die Fürsten Karlmann und Pippin mit Heeresmacht bei der Stadt Aurilianis über den Liger, schlugen die Römer und kamen bis nach Beturgä, wo sie das Gebiet der Stadt mit Feuer verheerten. Den Herzog Chunoald verfolgten sie auf seiner Flucht und verwüsteten alles. Die Burg Lucca zerstörten sie von Grund aus und nahmen die Besatzung gefangen; denn allenthalben waren sie Sieger. Sie verteilten die Beute unter sich und schleppten die Bewohner der Ortschaften gefangen mit sich fort.

Nach ihrer Heimkehr machten sie im Herbst desselben Jahres einen Heereszug über den Rhein gegen die Alamannen. Sie schlugen an der Donau bei dem Ort, der ..... heißt, ein Lager. Als die Alamannen sich besiegt sahen, stellten sie Geiseln, versprachen Zins zu zahlen, brachten Geschenke dar, baten um Frieden, und unterwarfen sich seiner Herrschaft.

## 26.

(112.)Nach ihrer Heimkehr, im zweiten Jahre ihrer Herrschaft, empörte sich ihr Schwager, der Baiernherzog Odilo, wider sie, so daß sie gezwungen wurden, den gesamten fränkischen Heerbann gen Baiern zu entbieten. Sie kamen bis zum Lech: am Ufer dieses Flusses lagerten sich die beiden Heere und beobachteten sich gegenseitig fünfzehn Tage lang. Endlich aber zogen die Franken, gereizt und erbittert durch die Spöttereien der Baiern, ohne die Gefahr zu scheuen, durch wüstes Sumpfland an einer Stelle über den Fluß, wo keine gewöhnliche Furt war. Sie hatten ihr Heer geteilt und fielen nun bei Nacht über die nichtsahnenden Baiern her. In der Schlacht, die nun begann, ward Herzog Odilos Heer geschlagen; ihm selbst gelang es kaum, mit wenigen schmählich hinter den Fluß Igne zu entfliehen. Nach diesen Taten kehrten die Sieger nicht ohne bedeutenden Verlust, jedoch glücklich in die Heimat zurück.

## 27.

(113.) Im dritten Jahre drang Karlmann wiederum mit Heeresmacht in das Land der Sachsen ein, die sich empört hatten. Die, welche an den Grenzen seines Reiches wohnten, unterwarf er sich ohne Kampf, und die meisten von ihnen ließen sich taufen. Zu derselben Zeit empörte sich Theudobald, der Sohn des Herzogs Godafred (von Alamannien). Pippin vertrieb ihn mit Heeresmacht von der (schwäbischen) Alb, auf der er sich festgesetzt hatte, brachte das Herzogtum wieder unter seine Gewalt und kehrte dann siegreich nach Hause zurück.

## 28.

(114.) Im folgenden Jahr mußten die beiden hohen Brüder abermals gegen die Waskonen ziehen, welche sie gereizt hatten. Als sie aber an den Liger gekommen waren, baten die Waskonen um Frieden, taten in allem nach Pippins Willen und bewogen ihn durch Bitten und Geschenke, daß er wieder umkehrte.

## 29.

(115.) Im folgenden Jahre zog Karlmann wutentbrannt mit Heeresmacht nach dem Land der Alamannen, welche die Treue gebrochen hatten, und machte eine große Menge der Empörer mit dem Schwert nieder.

## 30.

(116.) Im folgenden Jahre übergab Karlmann, von frommem Verlangen entflammt, sein Reich samt seinem Sohne Droho seinem Bruder Pippin und zog nach Rom zu den Schwellen der Apostel Petrus und Paulus, um fortan als Mönch zu leben. Pippin verstärkte durch diese Erbfolge seine Macht sehr bedeutend.

## 31.

(117.) In demselben Jahre brachen die Sachsen in gewohnter Weise die Treue, wlche sie dem Karlmann gelobt hatten; darum mußte Pippin mit einem Heere gegen sie zu Feld ziehen. Ihm zu Hilfe kamen die Könige der Wenden und der Friesen. Als das die Sachsen sahen, so fürchteten sie sich wie gewöhnlich, baten um Frieden, nachdem bereits viele von ihnen niedergemacht und in die Gefangenschaft geraten, ihr Land aber mit Feuer und Schwert verwüstet worden war, und unterwarfen sich wie von Alters her den Franken und versprachen den Zins, den sie einst dem Chlothar gezahlt hatten, von nun an pünktlich und vollständig zu entrichten. Die meisten von ihnen verlangten, da sie einsahen, daß sie ohne eigne Macht der Gewalt der Franken nicht widerstehen konnten, die christlichen Sakramente.

## 32.

Nach einiger Zeit brachen die Baiern, dem Rate schlechter Menschen folgend, abermals die Treue und empörten sich gegen den vorgenannten Fürsten. Darum bot dieser sein Heer auf und zog mit großer Heeresmacht in ihr Land. Sie aber, von Schrecken ergriffen, flohen mit Weib und Kind hinter den Fluß Igni. Pippin schlug am Ufer des Flusses ein Lager und rüstete sich, auf Schiffen den Kampf gegen sie fortzusetzen, um sie gänzlich zu vernichten. Wie die Baiern sahen, daß ihre Macht nicht gegen ihn ausreiche, schickten sie Gesandte mit großen Geschenken an ihn ab, unterwarfen sich ihm und gelobten durch Eidschwur und Geiseln, sich nicht wieder gegen ihn zu empören. Pippin aber kehrte mit Christi Beistand glücklich und siegreich ins Frankenland heim. Und nun ruhte zwei Jahre lang der Krieg.

## 33.

In dieser Zeit ward der erhabne Fürst Pippin mit dem Beirat und der Zustimmung aller Franken, nachdem durch eine Gesandtschaft die Einwilligung des apostolischen Stuhles dazu eingeholt worden war, mit der Königin Bertrada nach altem Brauch durch die Wahl sämtlicher Franken auf den königlichen Thron gesetzt. Die Bischöfe erteilten ihm die Weihe und die Fürsten huldigten ihm.

## 34.

*Bis hierher hat der erlauchte Herr Graf Childebrand, der Oheim des obgenannten Königs Pippin, diese Geschichte oder die Taten der Franken sorgfältig aufzeichnen lassen. Das weitere folgt auf Befehl des erlauchten Grafen Nibelung, jenes Childebrands Sohn.*

## 35.

(118.) Nachdem das geschehen, brachen die Sachsen im folgenden Jahre abermals die Treue, welche sie dem genannten Könige unlängst gelobt hatten, und empörten sich nach ihrer Art abermals gegen ihn. Darüber entbrannte König Pippin in großem Zorn; er bot das ganze Heer der Franken auf, setzte abermals über den Rhein, zog mit großer Macht nach Sachsen, brannte daselbst alles nieder und schleppte Männer und Weiber gefangen mit sich fort, nachdem er große Beute gemacht und gar viele Sachsen umgebracht hatte. Wie die Sachsen solches sahen, wurden sie von Reue bewegt und in ihrer gewöhnlichen Furcht flehten sie die Gnade des Königs an, daß er ihnen Frieden gewähre, sie wollten Treue geloben und noch viel mehr Zins zahlen, als sie zuvor versprochen

hatten, und niemals wieder sich empören. König Pippin
kehrte unter Christi Beistand mit großem Triumph wieder an den Rhein zurück, nach der Burg, welche Bonn
heißt.

Während das vor sich ging, erhielt der König aus dem
burgundischen Land die Nachricht, daß sein Bruder Gri-
pho, der vor kurzem nach Waskonien zu dem Fürsten
Waiofar geflohen war, von den Grafen Thedoenus von
Vienna und Frederich vom Lande jenseits (östlich) des
Jura bei der Stadt Maurienna am Fluß Arboris getötet
worden sei, wie er gerade nach Langobardien wollte, um
hier dem König Pippin Feinseligkeiten zu bereiten. Aber
auch die beiden Grafen kamen in der Schlacht ums Leben.

## 36.

(119.) Der König zog nun durch den Ardenner Wald nach
dem Hofgut zu Diedenhofen an der Mosel, und wie er
daselbst verweilte, erhielt er die Botschaft, daß der Papst
Stephan (II.) in großer Begleitung und mit vielen Geschenken von Rom her komme, bereits den Jupitersberg
überstiegen habe und nun zu ihm eile. Als das der König
hörte, gab er den Befehl, ihn mit Jubel und Freude und
der größten Aufmerksamkeit zu empfangen, und schickte
ihm seinen Sohn Karl entgegen, auf daß er ihn nach dem
Hofgut Ponte Ugone geleitete. Hier erschien nun der römische Papst Stephan vor dem König und machte diesem
und den Franken reiche Geschenke und bat ihn um Hilfe
gegen das Volk der Langobarden und deren König Aistulf, auf daß er mit seinem Beistand von den Bedrückun-

gen und der Hinterlist derselben erlöst würde, und die
Zinszahlungen oder Geschenke, die sie wider alles Recht
von den Römern forderten, ein Ende hätten. Da wies
König Pippin dem Papst Stephan mit der größten Aufmerksamkeit und Sorgfalt das Kloster des heiligen Märtyrers Dionysius bei der Stadt Paris zur Wohnung über
den Winter an. Alsdann schickte er eine Gesandtschaft an
Aistulf den Langobardenkönig ab, und ließ ihn auffordern, aus Ehrfurcht vor den heiligen Aposteln Petrus und
Paulus das Gebiet von Rom nicht mehr feindlich zu betreten und von seinen frevelhaften und gottlosen, wider das
hergebrachte Recht streitenden und an die Römer niemals zuvor gestellten Ansprüchen diesem seinem Verlangen gemäß abzustehen.

## 37.

(120.) Als aber der König Pippin durch seine Gesandten
nicht hatte erreichen können, was er wollte, indem Aistulf seine Forderungen zu erfüllen verschmähte, berief er
nach Ablauf des Jahres sämtliche Franken auf den ersten
März, wie es fränkischer Brauch ist, zu sich nach dem
Hofgut Bernacus; daselbst hielt er Rat mit seinen Großen.
Dann zog er zu der Zeit, da die Könige zum Krieg auszuziehen pflegen, mit dem Papst Stephan und all den Völkerschaften, die in seinem Reich waren, und den Scharen
der Franken gegen das Langobardenland, und kam mit
der ganzen Menge über das gallische Lugdonum und Vienna nach Maurienna. Als das Aistulf, der König der
Langobarden, hörte, bot er sein ganzes Heer auf und

rückte nach den Klausen, welche man das Seusaner Tal nennt. Hier schlug er ein Lager und suchte sich mit Geschossen, Maschinen und vielen Zurüstungen, die er frevelhafterweise gegen den römischen Staat und den apostolischen Stuhl gemacht hatte, zu verteidigen. König Pippin lagerte mit seinem Heer zu Maurienna und konnte durch die engen Täler und über die Felsen und Berge mit seinem Heer nicht hinüberkommen, nur einer geringen Anzahl gelang es, durch die Berge und Engpässe in das Seusaner Tal einzubrechen. Wie König Aistulf das sah, hieß er alle seine Langobarden sich zum Streite rüsten und rückte mit seinem ganzen Heer trotzig gegen jene heran. Da sahen die Franken, daß eigene Kraft und Hilfe sie nicht retten könne, und riefen Gott und den Beistand des heiligen Apostels Petrus an; hierauf begann das Treffen und sie stritten tapfer widereinander. Als aber König Aistulf den Verlust sah, den sein Heer erlitt, so wandte er sich zur Flucht und verlor in dieser Schlacht beinahe das ganze Heer, das er mit sich geführt hatte, und die Herzoge und Grafen und die Vornehmen des Langobardenvolks. Er selbst rettete sich nur mit Not über einen Felsen im Gebirge und kam mit wenigen nach seiner Stadt Ticinus. Als mit Gottes Beistand dieser Sieg errungen war, rückte der erhabene König Pippin mit seinem ganzen Heer und der Menge der Franken bis vor Ticinus, schlug hier ein Lager auf und verwüstete nun alles italische Land ringsum mit Feuer und Schwert, verheerte die ganze dortige Gegend, eroberte alle Brugen der Langobarden und erbeutete viele Schätze Goldes und Silbers und sonst Kostbarkeiten in Menge und alle ihre Gezelte. Als nun der Langobardenkönig Aistulf sah, daß er sich auf keine andere Weise mehr retten könne, bat er durch die Geistlichen und Großen der Franken um Frieden und versprach dem König Pippin für alles Unrecht, das er der römischen Kirche und dem apostolischen Stuhl angetan, vollständig Genugtuung zu leisten, zugleich stellte er Geiseln und gelobte eidlich, niemals der Oberherrlichkeit der Franken sich zu entziehen und den apostolischen Stuhl und den römischen Staat nie wieder feindlich anzugreifen. König Pippin, gnädig wie er war und von Mitleid bewegt, ließ ihm Leben und Reich, und Aistulf machte dem König und ebenso auch den fränkischen Großen reiche Geschenke. Hierauf ließ Pippin den Papst Stephan reich beschenkt und mit großen Ehren von seinen Großen nach Rom geleiten und setzte ihn auf den apostolischen Stuhl und in seine alten Rechte wieder ein. Nachdem dies geschehen, kehrte König Pippin mit seinem Heer, beladen mit Schätzen und Geschenken, unter Gottes Beistand nach Hause zurück.

## 38.

(121.) Im folgenden Jahre brach Aistulf der Langobardenkönig treulos sein Wort, welches er dem König Pippin gegeben hatte. Er rückte mit seinem Heer abermals vor Rom, durchzog das Gebiet der Römer, verwüstete die Gegend, kam zu der Kirche des heiligen Petrus und brannte daselbst die Häuser nieder. Wie das dem König Pippin durch Boten gemeldet wurde, entbrannte er in Wut und Zorn: er bot abermals das gesamte Heer der Franken auf und zog durch Burgund über die Stadt Cavalonnum und von da über Janua nach Maurienna. Als König Aistulf das erfuhr, schickte er das Heer der Langobarden wieder nach den Klausen, um daselbst dem König Pippin und den Franken sich entgegenzustellen und sie nicht in Italien einrücken zu lassen. König Pippin überstieg mit seinem Heer den Mont Cenis und rückte vor die Klausen, wo die Langobarden ihm Widerstand leisten wollten. Sogleich brachen nun die Franken in der alten Weise, wie sie es gelernt hatten, durch die Berge und Felsen wutentbrannt in das Reich Aistulfs ein und machten alle Langobarden, die ihnen in den Weg kamen, nieder; die übrigen retteten sich nur mit Mühe durch die Flucht. König Pippin rückte nun mit seinem Neffen, dem Baiernherzog Tascilo, durch Italien abermals bis vor Ticinus, verheerte jene ganze Gegend mit Macht und schlug auf beiden Seiten der Stadt sein Lager auf, so daß niemand herauskommen konnte. Wie König Aistulf das sah und erkannte, daß ihm sonst keine Hoffnung auf Rettung mehr übrig bleibe, wandte er sich durch Vermittlung der fränkischen Geistlichen und Großen zum zweiten Mal an den König und flehte um Gnade und Frieden, und gelobte, dafür, daß er seine früher gegebenen Versprechen gebrochen und sich frevelhafterweise gegen den apostolischen Stuhl vergangen hatte, vollständige Genugtuung zu leisten nach dem Urteilspruch der Franken und Geistlichen. König Pippin also ließ ihm nach seiner Weise, von Mitleid bewegt, auf die Fürbitte seiner Großen auch zum zweiten Mal Reich und Leben. König Aistulf mußte nach dem Spruch der Franken und Geistlichen ein Drittel seines Schatzes in Ticinus an König Pippin ausliefern und ihm noch viele andere Geschenke, weit mehr als das er-

ste Mal, machen. Auch verpflichtete er sich abermals
durch Eidesleistung und Stellung von Geiseln, sich nie
wieder gegen Pippin und die Großen der Franken aufzu-
lehnen und den Zins, den die Langobarden seit langer
Zeit an den Frankenkönig entrichtet hatten, alljährlich
durch Gesandte auszuzahlen. Der erhabene König Pippin
kehrte mit großen Schätzen und vielen Geschenken siegreich und ohne Mißgeschick und Verlust mit seinem ganzen Heere, wohlbehalten in sein Reich zurück; und nun
hatte das Land zwei Jahre lang Ruhe von Krieg.

### 39.

(122.) Aistulf, der König der Langobarden, wurde hierauf
in einem Walde auf der Jagd nach göttlichem Gericht von
dem Pferd, das er ritt, gegen einen Baum geschleudert
und verlor so, wie er es verdiente, durch einen grausamen Tod Leben und Reich. Die Langobarden setzten nun
mit Einwilligung König Pippins und nach dem Rat ihrer
Großen den Desiderius auf den königlichen Thron.

### 40.

(123.) Währenddessen schickte König Pippin nach Kon-
stantinopel an den Kaiser Konstantinus, der gegenseiti-
gen Freundschaft wegen und zum Wohl des Landes, eine
Gesandtschaft ab. Gleicherweise schickte auch der Kaiser
Konstantinus an den König eine Gesandschaft mit vielen
Geschenken, und sie gelobten sich gegenseitig durch ihre

Gesandten Freundschaft und Treue. Für die Folge jedoch war die Freundschaft, die sie einander versprochen hatten, aus welchen Gründen weiß ich nicht, ohne Wirkung und Bestand.

### 41.

(124.) Nachdem sich nun das Land zwei Jahre lang des Friedens erfreut hatte, schickte König Pippin Gesandte an den Fürsten Waiofar von Aquitanien und ließ ihn auffordern, das in Aquitanien gelegene Besitztum von Kirchen seines Reichs herauszugeben, ihnen die Immunität, die sie zuvor gehabt, zu lassen, und fernerhin nicht mehr, dem langjährigen Brauch entgegen, Beamte und Steuereinnehmer auf die Güter zu schicken; sodann ihm das Wehrgeld zu zahlen für die Goten, die Waiofar gegen das bestehende Recht unlängst hatte töten lassen, und endlich seine Leute ihm auszuliefern, die sich aus dem Frankenreich zu dem Fürsten Waiofar geflüchtet hatten. Dies alles, was der König durch seine Gesandten von ihm verlangt hatte, weigerte sich Waiofar zu tun. Daher sammelte Pippin, obwohl ungern und nur gezwungen, von allen Seiten ein Heer und zog nun durch den trecassinischen Gau nach der Stadt Autisioderum, von da mit dem ganzen Heer der Franken dem Liger zu, setzte bei dem Dorf Masua im Gau von Autisioderum über diesen Fluß, durchzog den bitorivischen Gau bis zum arvernischen, und verwüstete den größten Teil Aquitaniens mit Feuer und Schwert. Der Fürst Waiofar bat nun durch Gesandte um Frieden und verpflichtete sich eidlich und durch Stel-

lung von Geiseln, alles zu erfüllen, was König Pippin
durch seine Gesandten von ihm verlangt hatte. Hierauf
kehrte König Pippin mit seinem ganzen Heere, ohne den
geringsten Verlust nach Hause zurück.

## 42.

(125.) Nach Verlauf des Jahres und im zehnten seines
Reichs entbot König Pippin alle Großen der Franken nach
Dura im ripuarischen Gau zum Maifeld, um daselbst zum
Wohl und Nutzen des Landes zu beraten. Unterdessen
machte Waiofar feindselige Anschläge gegen Pippin den
Frankenkönig, er verband sich mit Unibert, dem Grafen
des bitorivischen, und Bladinus, dem Grafen des arvernischen Gaus, welcher im vorigen Jahr mit dem Bischof
Bertelannus von Bitoricä zu Pippin abgesandt worden war
und dabei den Zorn des Königs aufs heftigste erregt hatte,
außerdem noch insgeheim mit andern Grafen, zog mit
dem ganzen Heer, das er zusammengebracht hatte, gegen
Cavalonnum, verheerte die ganze Gegend von Augustidunum bis vor Cavalonnum mit Sengen und Brennen.
Und sie verwüsteten die Vorstädte von Cavalonnum und
alles was sie fanden; das Hofgut Meltiacum brannten sie
nieder und zogen dann mit Raub und Beute beladen, ohne
Widerstand zu finden, nach Hause zurück. Als König Pippin die Nachricht erhielt, daß Waiofar einen großen Teil
seines Reichs verwüstet und den Schwur, den er ihm geleistet, gebrochen habe, ward er von gewaltigem Zorn
bewegt und entbot alle Franken zum Krieg gerüstet auf
einen Reichstag an den Liger. Er zog also mit seinem

Heer abermals nach Trecä, von da über Autisioderum
nach der Stadt Nevernum, setzte hier über den Liger und
rückte vor die Burg Burbone im biturivischen Gau. Nachdem er sie rings eingeschlossen hatte, wurde sie von den
Franken plötzlich erobert und angezündet. Die Leute des
Waiofar, die er darin fand, schleppte er mit sich, verwüstete einen großen Teil Aquitaniens, zog mit seinem ganzen Heer nach der Stadt Arverna, eroberte die Burg Cla-
remonte und brannte sie nieder, wobei eine große Menge
Menschen, Männer, Weiber und Kinder, in den Flammen
umkamen. Der Graf Bladinus von Arverna wurde gefangen und gebunden vor den König geführt; auch viele Waskonen wurden im Kampf gefangen und getötet. Nachdem
nun die Stadt erobert und jene ganze Gegend verwüstet
worden, kehrte könig Pippin unter Gottes Beistand, ohne
Verlust und mit Raub und Beute beladen, wieder nach
Hause zurück.

## 43.

(126.) Es geschah aber nach der Eroberung der Stadt Arverna und der Verwüstung jener ganzen Gegend, daß König Pippin im folgenden Jahre, das ist im elften Jahre
seines Reichs, mit dem gesamten Heer des Frankenvolks
vor Bitoricä zog, sich rings um die Stadt lagerte und alles
im ganzen Umkreis verwüstete. Er zog dann einen starken Wall um die Stadt, so daß niemand heraus oder hin-
einkommen konnte, setzte ihr mit Maschinen und allen
Arten von Kriegszeug hart zu und eroberte sie endlich,
nachdem viele verwundet, noch mehr getötet und die

Mauern gebrochen waren, und verleibte sie seinem Reich ein nach Kriegsrecht. Die Besatzung aber, der Waiofar die Verteidigung der Stadt übertragen hatte, verschonte er nach seinem milden Sinn und ließ sie nach ihrer Heimat abziehen. Der Graf Unibert und die übrigen Waskonen, welche er daselbst fand, mußten ihm Treue schwören und mit ihm fortziehen; ihre Weiber und Kinder schickte er nach dem Frankenland; er ließ sodann die Mauern der Stadt Bitoricä wiederherstellen und legte seine Grafen zur Bewachung der Stadt hinein. Von da rückte er mit dem ganzen Frankenheere vor die Burg Toarcius, schloß sie ein, eroberte sie mit wunderbarer Schnelligkeit und brannte sie nieder. Die Waskonen, die er daselbst fand, führte er samt ihrem Grafen mit sich ins Frankenland ab. Hierauf kehrte König Pippin unter Christi Führung mit dem Heer der Franken mit Raub und Beute beladen wieder nach Hause zurück.

## 44.

(127.) Der Streit zwischen Pippin dem Frankenkönig und Waiofar dem Fürsten von Aquitanien dauerte sehr lange. König Pippin wurde unter Gottes Beistand immer stärker und mächtiger, Waiofar aber und seine Herrschaft kam täglich mehr herunter. Er höte nicht auf, gegen Pippin böse Anschläge zu machen. Den Grafen Mantio, seinen Vetter, schickte er mit andern Grafen nach Narbona, um die Mannschaft, die der König zum Schutz gegen Sarazenen nach Narbona hatte abgehen lassen, entweder bei ihrem Einrücken oder wenn sie wieder nach Hause zu-

rückkehrten, gefangen zu nehmen oder zu töten. Es geschah aber, daß, als die Grafen Australdus und Galemanius mit ihren Mannen nach Hause zurückkehren wollten, jener Mantio mit einer großen Menge vom Volk der
Waskonen über sie herfiel, jedoch von Galemanius und
Australdus im tapferen Kampfe samt allen seinen Leuten
unter Gottes Beistand niedergemacht wurde. Wie das die
Waskonen sahen, wandten sie sich zur Flucht und verloren dabei alle ihre Pferde, sie liefen über Berg und Tal,
nur wenigen aber gelang es zu entkommen. Jene aber
kehrten mit reicher Beute, mit Rossen und Rüstungen,
fröhlich in ihr Land heim.

## 45.

(128.) Während so die Franken und Waskonen in bestän-
digem Krieg miteinander lagen, sammelte der Graf Chilping von Arverna ein Heer und wollte einen Raubzug ins
burgundische Reich, in den Gau von Lugdunum machen.
Gegen ihn rückten der Graf Adalard von Cavalonnum
und der Graf Australdus mit ihren Mannen ins Feld: am
Liger kam es zum Treffen, wobei tapfer gekämpft wurde
und der Graf Chilping mit vielen seiner Leute umkam.
Da wandten sich die Waskonen zur Flucht, aber nur wenige retteten sich in die Wälder und Sümpfe. Der Graf
Ammanugus von Pectavis, der plündernd ins toronische
Gebiet eingebrochen war, wurde von den Leuten des Abts
Vulfard vom Kloster des heiligen Martin getötet, und mit
ihm viele, die mit ihm gekommen waren, die übrigen
flohen, aber nur wenige entkamen. Während solches ge-

schah, kam Remistanius, der Oheim Waiofars, zu dem
König und schwur, ihm und seinen Söhnen allezeit treu
zu verbleiben. König Pippin aber nahm ihn in sein Reich
auf und machte ihm reiche Geschenke an Gold und Silber, kostbaren Gewändern, Pferden und Waffen.

## 46.

(129.) König Pippin ließ die Burg Argentonus im bitorivischen Gau mit großem Aufwand von Grund auf wieder
herstellen und schickte seine Grafen zu ihrem Schutz ab,
dann übergab er sie mit der Hälfte des Gaus bis zum Care
dem Remistanius, um dem Waiofar Widerstand leisten
zu können. Als dieser sah, wie der König die Burg Clare-
monte und das ungemein feste Bitoricä, die Hauptstadt
Aquitaniens, mit seinen Maschinen erobert, und er seinem Ungestüm nicht hatte widerstehen können, ließ er
von allen seinen Städten in Aquitanien, von Pectavis, Lemodicä, Sanctonä Petrecors, Equolisma, und von vielen
andern Städten und Burgen, die Mauern abbrechen und
sie dem Erdboden gleichmachen. König Pippin aber ließ
sie nachher wieder aufbauen und durch seine Leute be-
setzen. Hierauf kehrte er in demselben Jahr wiederum
mit seinem ganzen Heer nach Hause zurück.

## 47.

(130.) Im nächstfolgenden Jahre bot er abermals das gesamte Heer der Franken auf und zog über Trecä und Auti-

sioderum nach der Stadt Nevernum und hielt daselbst mit den Franken und seinen Großen den Reichstag auf dem Maifeld. Hierauf rückte er über den Liger in Aquitanien ein und vor Lemodicä, verwüstete jene ganze Gegend und ließ alle Hofgüter, die dem Waiofar angehörten, niederbrennen. Nachdem jene Gegend fast ganz verheert und viele Klöster geplündert waren, zog er bis nach Hisando, wo die meisten Weingärten von Aquitanien waren, nahm und verwüstete die Burg. Die Weingärten, von denen fast ganz Aquitanien, viele Kirchen und Klöster, Arme und Reiche ihren Wein zu erhalten gewohnt waren, verwüstete er alle. Unterdessen rückte Waiofar mit einem zahlreichen Heer und vielen Waskonen, die jenseits der Geronna wohnen und in alten Zeiten Vaceti hießen, gegen König Pippin heran. Jedoch die Waskonen alle wandten sich wie gewöhnlich alsbald zur Flucht und wurden in großer Anzahl von den Franken niedergemacht. Da befahl der König, den Waiofar zu verfolgen, und bis in die Nacht hinein ward er verfolgt und rettete sich mit nur wenigen, die am Leben geblieben waren. In dieser Schlacht ward auch Graf Bladinus von Arverna getötet, der früher vom König gefangen genommen worden, dann aber zu Waiofar geflohen war. König Pippin blieb mit Gottes Hilfe Sieger. Hierauf kehrte er mit großem Triumph wiederum mit dem Frankenheer nach Denegontium an den Liger und von da durch den Gau von Augustidunum unbesiegt nach Hause zurück. Waiofar ließ nun den König durch Gesandte bitten, er möge ihm Betoricä und die andern eroberten Städte von Aquitanien wieder herausgeben und versprach dafür, sich unter seine Herrschaft zu stellen und die Abgaben oder

Geschenke, welche die früheren fränkischen Könige aus
Aquitanien erhielten, alljährlich an Pippin zu entrichten.
Jedoch der König ging nach dem Rat der Franken und
seiner Großen hierauf nicht ein.

## 48.

(131.) Nach Ablauf des Jahres also bot er das ganze Heer
der Franken und der andern Völkerschaften seines Reichs
auf und zog nach Aurilianis. Daselbst hielt er den Reichstag auf dem Maifeld, welches er statt des Märzfeldes zum
Nutzen der Franken eingeführt hatte, und wurde von den
Franken und seinen Großen reich beschenkt. Abermals
setzte er nun über den Liger, durchzog ganz Aquitanien
und kam bis Aginnum, jene ganze Gegend verheerend.
Da sahen sich die Waskonen und die Großen von Aquitanien genötigt, zu ihm zu kommen, ihm Treue zu schwören und sich seiner Herrschaft zu unterwerfen. Nachdem
nun ganz Aquitanien arg verwüstet und schon zum großen Teil erobert war, kehrte er mit Raub und Beute beladen durch den petregorischen Gau und Equalisma mit
dem ganzen Heere wieder ins Frankenland zurück.

## 49.

(132.) Im folgenden Jahre bot er abermals das ganze Heer
der Franken auf und zog durch den trecassinischen Gau
und über die Stadt Autisioderum nach der Burg Gordinis,
und kam dann, nachdem er den Liger nun schon ganz

sicher überschritten hatte, mit seiner Königin Bertrada
nach Bitoricä, wo er sich eine Pfalz bauen ließ. Hier hielt
er das Maifeld, wie es Brauch war, und beriet sich mit
seinen Großen. Die Königin Bertrada ließ er sodann mit
einer Anzahl getreuer Franken und Grafen in Betoricä
zurück und zog selbst mit den übrigen Franken und Großen zur Verfolgung des Waiofar aus. Da er ihn aber nicht
erreichen konnte, und es bereits Winter wurde, so kehrte
er mit dem ganzen Heer nach Betoricä zurück, wo er die
Königin Bertrada zurückgelassen hatte.

## 50.

(133.) Währenddessen brach Remistanius, der Sohn des
Eudo, die Treue, welche er dem König Pippin geschworen, kehrte sich wieder zu Waiofar und stellte sich unter
dessen Herrschaft. Waiofar nahm ihn mit hoher Freude
auf und bediente sich seines Beistands gegen die Franken
und ihren König. Remistanius griff die Besatzungen, welche der König in seinen Städten gelassen hatte, mit großer Heftigkeit an und verwüstete den biturivischen und
limoticinischen Gau, die der König erobert hatte, so arg,
daß kein Bauer die Äcker und Weinberge zu bestellen
sich getraute. König Pippin brachte den ganzen Winter
mit seiner Königin Bertrada im Palast zu Betoricä zu. Sein
gesamtes Heer schickte er nach Burgund ins Winterlager
und feierte nach dem Rat der Bischöfe und Priester Weihnachten und das heilige Erscheinungsfest mit großer Ehrfurcht in der Stadt Betoricä.

## 51.

(134.) Nach Ablauf des Jahrs entbot er um die Mitte Februars sein ganzes Heer, das er in Burgund hatte überwintern lassen, zu sich nach Betoricä und machte nun seine heimlichen Anschläge gegen den Remistanius. Während er den Hermenald, Beringar, Childerad und den Grafen Unibert von Betoricä mit noch andern von seinen Grafen und Leuten heimlich ausschickte, um den Remistanius zu fangen, beschloß er mit dem ganzen Frankenheer zur Verfolgung des Waiofar auszuziehen. Die Königin Bertrada reiste nach Aurilianis und von da zu Wasser nach der Burg Sellus am Liger. Zu der Zeit erhielt der König die Nachricht, daß seine Gesandten, die er an Amormuni, den König der Sarazenen, abgeschickt hatte, nun nach dreijähriger Abwesenheit wieder in Marsilia angekommen seien und eine Gesandtschaft des Königs Amormuni an Pippin mit vielen Geschenken sie begleite. Der König schickte Gesandte ab, um sie würdig zu empfangen und nach der Stadt Metz ins Winterlager zu geleiten. Die obengenannten Grafen also, welche ausgezogen waren, um den Remistanius zu fangen, nahmen ihn getreulich mit Gottes Willen gefangen und führten ihn gebunden mit seiner Gemahlin vor den König. Der gab den Grafen Unibert und Gislarius alsbald Befehl, den Remistanius in Betoricä am Galgen aufzuhängen. König Pippin rückte nun bis an die Geronna; da erschienen die Waskonen, welche über dem Fluß drüben wohnen, vor ihm, stellten Geiseln und schwuren, dem König und seinen Söhnen Karl und Karlomann allezeit treu und gewärtig zu sein. Noch viele andere von der Partei Waiofars erschienen vor ihm und unterwarfen sich seiner Herrschaft. König Pippin nahm sie gnädig in seine Gewalt auf. Waiofar hielt sich mit wenigen Leuten im Wald Edobola im petrogorischen Gau versteckt und streifte da und dort unsicher umher. König Pippin machte nun wiederum Versuche, um den Waiofar in seine Gewalt zu bekommen. Zuerst aber begab er sich zu seiner Königin nach Sellus und ließ daselbst die Gesandtschaft der Sarazenen, die er den Winter über nach Metz geschickt hatte, vor sich kommen: sie überreichten ihm die von Amormuni übersandten Geschenke, worauf er ihnen Gegengeschenke machte und sie dann ehrenvoll nach Marsilia geleiten ließ. Von hier aus fuhren sie zu Schiff nach ihrem Land zurück.

## 52.

(152.) Der erhabene König Pippin zog von der Burg Sellus in diesem Jahre abermals aus zur Verfolgung des Waiofar und kam von nur wenigen begleitet mit ungemeiner Schnelligkeit zuerst nach Sanctonis. Als das dem Waiofar zu Ohren kam, floh er wieder wie gewöhnlich. König Pippin schickte nun die Grafen mit ihren Scharen und seine eigenen Leute in vier Abteilungen gegen Waiofar aus. Währenddessen aber wurde Waiofar, der Fürst von Aquitanien, wie versichert wird, mit des Königs Wissen, von seinen eigenen Leuten ermordet. Nachdem nun König Pippin ganz Aquitanien erobert und sich alle wieder seiner Herrschaft unterworfen hatten, wie sie es in alten Zeiten waren, so zog er siegreich und im Triumph nach Sanctonis, wo die Königin Bertrada sich aufhielt.

## 53.

(136.) Während der König nach seiner Ankunft in Sanctonis zur Wohlfahrt des Landes und zum Nutzen der Franken tätig war, befiel ihn ein Fieber und er bestellte daselbst seine Grafen und Richter. Alsdann reiste er über
Pectavis nach der Stadt Thoronis zum Kloster des heiligen Bekenners Martinus und machte daselbst viele Schen-
kungen an Kirchen und Klöster und an die Armen, und
flehte den Beistand des heiligen Martinus an, daß er für
seine Sünden Fürbitte einlegte bei der Barmherzigkeit
des Herrn. Von da zog er mit der Königin Bertrada und
seinen Söhnen Karl und Karlomann weiter nach Paris ins
Kloster des heiligen Märtyrers Dionysius und verweilte
daselbst etliche Zeit. Als er aber sah, daß er mit dem
Leben nicht davonkommen könne, berief er alle seine
Großen, die Herzoge und Grafen der Franken und die
Bischöfe und Geistlichen zu sich und teilte nun unter Beistimmung der Franken und seiner Großen und der Bischöfe das Reich der Franken, das er selbst beherrscht
hatte, zu gleichen Teilen unter seine beiden Söhne Karl
und Karlomann noch während er selbst am Leben war.
Den älteren Karl setzte er zum König über das Reich der
Austrasier; dem jüngeren Karlomann übergab er das
Reich Burgund, die Provinz, das gotische Land, das Elsaß
und Alamannien. Aquitanien, welches er selbst erst erobert hatte, verteilte er zwischen beiden. Wenige Tage,
nachdem dies geschehen, starb König Pippin, wie es traurig zu berichten ist. Seine Söhne, die Könige Karl und
Karlomann, bestatteten ihn mit großen Ehren in dem Kloster des heiligen Märtyrers Dionysius, wie er es selbst

ewollt hatte. Er hat aber fünfundzwanzig Jahre lang
egiert.

## 54.

137.)Nachdem dies besorgt war, zogen die Könige Karl
nd Karlomann, jeder mit seinen Leuten, nach dem Sitz
hrer Herrschaft. Sie beriefen einen Reichstag und hielten
aselbst Rat mit ihren Großen und wurden beide am glei-
hen Tag, Karl zu Novio und Karlomann zu Saxonis, am
onntag, den 18ten September, von den Priestern geweiht
nd von ihren Großen auf den Thron gesetzt.

# Aus den Lebensbeschreibungen des siebten Jahrhunderts

# I
## *Das Leben des heiligen Columbanus*

## *Einleitung*

Jonas, der Verfasser dieser Biographie, gibt an verschiedenen Stellen seiner Schriften über sich Aufschluß. Daraus erfahren wir, daß er in der Stadt Segusia (Susa) westlich von Turin geboren wurde und ums Jahr 618 in das zwischen Genua und Piacenza gelegene Kloster Bobbio kam, drei Jahre also nach Columbans Tod. Etwas im Jahre 627 reiste er mit Bertulf, dem dritten Abt von Bobbio, nach Rom zum Papst Honorius I. (625–638), der nun das Kloster von der bischöflichen Gewalt befreite. Später scheint er größere Reisen gemacht zu haben; denn in einer durch ihren Schwulst freilich beinahe unverständlichen Stelle spricht er von seinen dreijährigen Seereisen und seinem Aufenthalt im Kloster Elnone (Std. Amand zwischen Valenciennes und Doornik) bei dem heiligen Amandus. Damals wohl war er auch in Luxovium, dem Hauptschauplatz von Columbans Tätigkeit.

Über die Zeit seiner schriftstellerischen Tätigkeit spricht er in der Vorrede zu Columbans Leben ziemlich genau. Er unternahm dessen Abfassung aufgefordert durch den Abt Bertulf, der 640 starb, und widmete es

dessen Nachfolger Bobolenus und dem Abt Waldebert
von Luxovium. Den Eligius, der im Jahr 641 die bischöfliche Weihe erhielt, kennt er schon als Bischof von Ver-
mandois. Er teilte sein Werk in zwei Teile, von denen der
erste Columbans Leben enthielt. In dem zweiten werden
Eustasius, der dem Columban in Luxovium, und Attala,
der ihm in Bobbio als Abt folgte, geschildert. Jener starb
625, dieser 627; beide hatte er persönlich gekannt. Außerdem verfaßte Jonas noch das Leben des Abts Bertulf
und der Burgundofara, deren er im Leben Columbans
Kap. 26 schon erwähnt und die nachmals Äbtissin des
Klosters Evoriacas (Fare-Moutiers südlich von Meaux)
wurde.

Die hier mitgeteilte Biographie bekommt schon durch
den Gegenstand unschätzbaren Wert. Columban spielte
in Kirche und Staat eine gleich wichtige Rolle: während
er einerseits in den nächsten Beziehungen zu dem merowingischen Königshaus stand, erscheint er auf der andern Seite als der zweite Stifter des Benediktinerordens
und als der erste Begründer der christlichen Mission im
innern Deutschland. Die Glaubwürdigkeit des Biographen
ist im wesentlichen nicht anzufechten, wenn er auch im
einzelnen hie und da irrt. Er sagt in seinem Vorwort, es
gebe in Luxovium und Bobbio noch sehr viele, die mit
Columban gelebt; was diese nicht gehört, sondern gesehen, und was ihm Attala und Eustasius selbst mitgeteilt
haben, das berichte er. „Wenn ich einen noch Lebenden
lobe, so möge man mich für keinen Schmeichler, sondern
für den Erzähler guter Handlungen halten und glauben,
daß ich niemandem mit einem Lobgedichte Gunst erweisen, sondern nur Denkwürdiges überliefern will. Wir er-

zählen also, was wir von wahrhaftigen Berichterstattern
erkundet haben; vieles, was wir nicht mehr vollständig
wußten und doch nicht stückweise geben wollten, haben
wir ganz weggelassen."

Die nicht in die Übersetzung aufgenommenen Stellen
enthalten meist Wundergeschichten von geringem Wert.

Die Sprache des Mänchs Jonas kann im Vergleich mit
Fredegar klassisch genannt werden; dafür leidet sie aber
an einem oft unerträglichen Schwulst, der sich am meisten in der Vorrede breitmacht.

# Das Leben des heiligen Columbanus

## Vom Mönch Jonas

### 2.

Columbanus, der auch Colnmba heißt, ist auf der Insel Hibernia geboren, die im äußersten Ozean nach Westen zu angenehm, wie man sagt, gelegen und unberührt ist von dem Krieg fremder, feindlicher Nationen. Dort wohnt das Volk der Skoten, das, obschon ohne die Gesetze der übrigen Völker, doch stark ist im Glauben christlicher Lehre und von allen Nachbarvölkern hochgehalten wird. Schon ehe Columban das Licht der Welt erblickte, ward seiner Mutter offenbart, daß sie einen Mann von besonderen Gaben unter dem Herzen trage: denn sie sah im Traum eine glänzende Sonne aus ihrem Schoß hervorgehen und die Welt erleuchten. Daher hütete sie ihn nach der Geburt so sorglich, daß sie ihn kaum den übrigen Verwandten anvertraute, bis er herangereift war und unter Christi Leitung, ohne den nichts Gutes getan wird, nach der Übung guter Werke strebte.

## 3.

Als nun die Kinderjahre um waren, und er im Knabenal-
ter stand, fing er an mit fähigem Sinn sich den edlen
Wissenschaften und den Studien der Grammatiker hinzugeben, und übte sie seine ganze Knaben- und Jünglings-
zeit hindurch bis zum Mannesalter mit fruchtbarem Fleiß.
Aber da ihn seine schöne Gestalt, seine blühende Farbe
und seine edle Männlichkeit bei allen beliebt machten,
begann endlich der alte Feind seine tödlichen Geschosse
auf ihn zu richten, damit er ihn, den er so sehr am Geist
zunehmen sah, in seine Netze fangen könnte, und regte
die Begierden unzüchtiger Dirnen gegen ihn auf. Aber er
wappnete sich zum Streit, in der Linken den Schild, in
der Rechten das zweischneidige Schwert des Evangeliums
haltend, damit er nicht den Lockungen der Welt verfalle
und umsonst soviel Mühe auf Grammatik, Rhetorik, Geo-
metrie und die göttlichen Schriften verwandt hätte. Und
in diesem Vorsatz wurde er noch durch einen besondern
Umstand bestärkt: denn als er ihn schon mit sich herum-
trug, kam er zu der Wohnung einer frommen und Gott
geweihten Frau. Als diese die zunehmende Kraft in dem
Jüngling sah, sprach sie: „Ich bin, so weit es mir möglich
war, zum Streit ausgezogen. Siehe, fünfzehn Jahre sind
vorüber, daß ich ferne von der Heimat bin und diese Stätte
in der Fremde erwählt habe, niemals habe ich rückwärts
geschaut, und wenn nicht die Schwachheit meines Geschlechts im Wege gestanden hätte, so wäre ich übers
Meer gegangen und hätte einen bessern Ort in der
Fremde zu meinem Aufenthalt erwählt. Du aber, im Feuer
der Jugend glühend, bleibst sitzen auf dem Boden der

Heimat; den Stimmen des Fleisches leihst du, wenn auch gegen deinen Willen, aus Schwachheit dein Ohr und meinst ohne Schaden mit dem Weibergeschlecht umgehn zu können. Aber denkst du nicht an den Rat der Eva, an Adams Fall, wie Samson von der Dalila betrogen, David durch die Schönheit der Bathseba zur Ungerechtigkeit verleitet, der weise Salomo von Weiberliebe berückt wurde? Fort, o Jüngling, fort, entrinne dem Verderben, in das, wie du weißt, viele gefallen sind. Verlaß den Weg, der zu den Pforten der Hölle führt."

Aufgestachelt von diesen Worten dankt ihr der Jüngling für solche Vorwürfe, nimmt von seinen Genossen Abschied und macht sich auf den Weg. Seine Mutter, von Schmerz bewegt, bittet, er möge sie nicht verlassen; aber er sprach: „Hast du es nicht gehört: ‚Wer Vater oder Mutter mehr liebt denn mich, der ist meiner nicht wert.'" Er bittet die Mutter, die sich ihm in den Weg stellt und die Schwelle verwehrt, sie möge ihn ziehen lassen. Weinend und auf den Boden hingestreckt ruft sie, niemals werde sie es dulden. Da schreitet er über Schwelle und Mutter hinweg, sagt dieser Lebewohl: ihn werde sie in diesem Leben nie wiedersehen, sondern wohin der Weg des Heils ihm die Straße bahne, werde er ziehen. Als er nun den heimatlichen Boden, den die Einwohner das Land der Lagener nennen, hinter sich hatte, machte er sich auf zu einem ehrwürdigen Manne namens Senilis, der sich zu dieser Zeit durch seine besondere Frömmigkeit und Kenntnis der heiligen Schrift unter seinen Landsleuten auszeichnete. Und als der heilige Mann sah, daß er klugen Geistes sei, so unterwies er ihn in der Erkenntnis aller göttlichen Schriften. Columban aber sammelte sol-

che Schätze göttlichen Wissens, daß er noch im Jüng-
lingsalter den Psalter in seiner Rede auslegen und viele
andere Aussprüche tun konnte, wert zu singen und nützlich zu lehren.

## 4.

Darauf bemühte er sich, in die Genossenschaft von Mönchen aufgenommen zu werden und zog nach dem Kloster
Benechor, dessen Vorsteher, der heilige Commogellus,
durch die Fülle seiner Tugenden berühmt war, ein ausgezeichneter Vater seiner Mönche und hoch angesehen
durch den Eifer seines Glaubens und der Zucht und Ordnung, die er wahrte. Und hier fing er an, sich ganz dem
Beten und Fasten hinzugeben, und das sanfte Joch Christi
zu tragen, sich selbst zu verleugnen, sein Kreuz auf sich zu
nehmen und Christo zu folgen. Als ihm nun viele Jahre
im Kloster verflossen waren, sehnte er sich, in die Fremde
zu wandern, eingedenk des Befehls, den der Herr Abraham gab: „Gehe aus deinem Vaterlande und von deiner
Freundschaft und aus deines Vaters Hause in ein Land,
das ich dir zeigen will." Er bekannte also dem ehrwürdigen Vater Commogellus das heiße Verlangen seines Her-
zens, erhielt aber keine Antwort, wie er sie wünschte.
Denn es fiel dem Commogellus schwer, den Verlust eines
so trostreichen Mannes zu ertragen. Endlich jedoch ermannte er sich und ließ es mehr seine Sorge sein, den
Vorteil anderer zu fördern, als seinem eigenen Bedürfnis
nachzukommen; er rief ihn zu sich und sprach, er wolle
im Frieden mit ihm bleiben, ihn mit Trost stärken und

ihm Reisegefährten geben, die durch ihre Gottesfurcht bekannt seien. So machte sich denn Columban im zwanzigsten Jahre seines Lebens auf den Weg und schritt mit zwölf Begleitern unter Christi Führung zum Strand des Meeres hinab. Hier harrten sie, ob die Gnade des Allmächtigen ihr Vorhaben, wenn es mit seinem Willen geschehe, gelingen lasse, und erkannten, daß der Wille des barmherzigen Richters mit ihnen sei: sie bestiegen das Schiff und begannen die gefährliche Fahrt durch die Meerengen und gelangten über die glatte See unter dem Wehen günstiger Winde schnellen Laufs an die Küste Britanniens. Hier verweilten sie einige Zeit, schöpften neue Kräfte und wogen mit ängstlichem Sinn ihre Pläne ab, bis sie sich endlich entschlossen, Galliens Gefilde zu betreten und die Gesinnungen der Menschen mit Eifer und Klugheit zu erforschen, um entweder, wenn sie hier den Samen des Heils ausstreuen könnten, länger zu bleiben, oder, wenn sie die Herzen in Finsternis verstockt fänden, weiter zu den benachbarten Völkern zu gehen.

## 5.

Sie verließen also die Bretagne und zogen nach den gallischen Ländern, wo damals, sei es wegen der zahlreichen äußeren Feinde, sei es durch Nachlässigkeit der Bischöfe, das christliche Leben beinah verschwunden und nur das Bekenntnis noch übrig war; die Heilmittel der Buße aber und das Verlangen nach Ertötung des Fleisches war dort nur noch bei sehr wenigen zu finden. Überall nun, wohin er zog, verkündete der ehrwürdige Mann das Wort des

Evangeliums. Und es gefiel dem Volk, daß die Lehre seiner Predigt durch den Schmuck der Beredsamkeit geziert und zugleich durch Beispiele der Tugend bekräftigt ward. So groß war seine und seiner Gefährten Demut, daß, so wie die Kinder dieser Welt nach Ehre und Ansehen trachten, sie umgekehrt in der Übung der Demut einander zu übertreffen strebten, eingedenk jenes Spruches: „Wer sich selbst erniedriget, der soll erhöhet werden", und des Wortes bei Jesajas: „Ich sehe an den Elenden und der zerbrochenen Geistes ist und der sich fürchtet vor meinem Wort." Solche Frömmigkeit und solche Liebe wohnte in ihnen allen, daß es für sie nur ein Wollen und Nichtwollen gab; Bescheidenheit und Mäßigkeit, Sanftmut und Milde schmückte sie alle in gleichem Maße. Das Laster der Trägheit und der Zwietracht war verbannt, Stolz und Hochmut wurden durch harte Zucht abgebüßt, Zorn und Neid mit sorgsamem Fleiß ausgetrieben. So groß war die Kraft ihrer Geduld, ihrer Liebe und ihrer Milde, daß man nicht zweifeln konnte, der Gott der Sanftmut wohne mitten unter ihnen. Fanden sie, daß einer von ihnen einen Fehltritt begehe, so bestrebten sie sich allesamt mit gleichem Rechte, den Unachtsamen durch Vorwürfe zu züchtigen. Gemeinsam hatten sie alles; wollte einer für sich eigenes in Anspruch nehmen, so wurde er von der Gemeinschaft der übrigen ausgeschlossen und durch Buße gestraft. Keiner wagte es, dem nächsten Böses mit Bösem zu vergelten, keiner, ein hartes Wort fallenzulassen, so daß man glauben mußte, in menschlicher Gesellschaft werde ein Leben von Engeln geführt. Mit so dankbarer Gesinnung wurde der heilige Mann verehrt, daß, wo er in einem Haus einige Zeit verweilte, alle Herzen zu strenger Übung des Glaubens sich entschlossen.

## 9.

So gelangte denn auch das Gerücht von Columbanus an den Hof des Königs Sigebert, welcher zu dieser Zeit mit Ruhm über die beiden fränkischen Königreiche von Austrasien und Burgund herrschte. Der Franken Name aber stand vor den übrigen Völkerschaften Galliens in Ansehen. Als nun der heilige Mann mit den Seinigen vor dem König erschienen war, kam er bei diesem und den Hofleuten in hohe Gunst ob der Fülle der trefflichen Lehre. Endlich bat ihn der König, er möge im gallischen Gebiet verbleiben, nicht zu andern Völkern ziehen und ihn verlassen; alles was er begehre, wolle er tun. Da erwiderte er dem König, er wolle nicht von fremden Schätzen reich werden, sondern, soweit ihn nicht die Schwachheit des Fleisches daran hindere, dem Wort des Evangeliums nachkommen: „Wer mir will nachfolgen, der verleugne sich selbst und nehme sein Kreuz auf sich und folge mir nach." Darauf antwortete der König und sprach: „Wenn du Christi Kreuz auf dich nehmen und ihm nachfolgen willst, so suche die Ruhe einer Einsiedelei; nur sorge, daß du zur Erhöhung deines Lohns und zu unserm Heil auf dem Boden unseres Reiches bleibst und nicht zu den benachbarten Völkern ziehst." Als ihm nun so die Wahl gelassen wurde, folgte er des Königs Rat und wählte sich eine Einsiedelei. Damals gab es eine weite Einöde mit Namen Vosagus, in der eine längst zerstörte Burg lag, von alters her Anagrates genannt. Als der heilige Mann hierhin gekommen war, ließ er sich trotz der rauhen Einsamkeit, der Wildnis und Felsen daselbst mit den Seinigen nieder, zufrieden mit geringem Unterhalt, eingedenk des

Spruches, daß der Mensch nicht vom Brot allein lebe, sondern vom Wort des Lebens gesättigt Speise die Fülle habe und in Ewigkeit nicht mehr hungern werde.

## 10.

Als nun die Zahl der Mönche sehr wuchs, suchte er in derselben Einöde nach einem besseren Ort für sein Kloster. Und er fand einen vormals stark befestigten Platz, der von dem ersten Ort etwa acht Meilen entfernt lag und in alten Zeiten Luxovium hieß. Hier waren warme Bäder mit besonderer Kunst eingerichtet; eine Menge steinerner Götzenbilder stand in dem nahen Wald, die in den alten Heidenzeiten durch abscheuliche Bräuche verehrt wurden. Wilde Tiere, Bären, Büffel und Wölfe gab es da in Scharen. Hier also begann der treffliche Mann ein Kloster zu gründen. Bei der Kunde davon strömte von allen Seiten Volk herzu, um sich ganz der Übung der Religion zu weihen, so daß die große Menge der Mönche kaum daselbst Raum hatte. Als dies Columban erkannte, suchte er einen andern Platz aus, der sich durch seinen Reichtum an Wasser auszeichnete und gründete ein zweites Kloster, dem er den Namen Fontanä gab, setzte auch Männer über dasselbe, an deren Gottesfurcht niemand zweifelte. Wie er nun die Scharen der Mönche an diesen Orten untergebracht hatte, hielt er sich abwechselnd in jedem auf und setzt erfüllt vom heiligen Geist, die Regel fest, nach welcher sie leben sollten.

## 14.

Es lebte aber zu der Zeit ein Herzog namens Waldalenus,
der über das Volk zwischen den Alpen und dem Jura
herrschte und ohne Kinder war. Der machte sich auf aus
der Stadt Vesontium mit seinem Weib Flavia und kam
zum heiligen Columban, und sie baten ihn vereint, daß er
für sie den Herrn anrufe, denn sie hätten viele Schätze,
aber keinen Sohn, dem sie dieselben nach ihrem Tode
hinterlassen könnten. Da sprach der fromme Mann zu
ihnen: „Wenn ihr gelobet, die Gabe Gottes seinem Namen zu weihen, und mir das Kind übergebet, daß ich es
aus der Taufe hebe, so will ich die Barmherzigkeit des
Herrn anrufen, daß ihr nicht bloß den habt, welchen ihr
dem Herrn weihet, sondern noch mehr, soviel ihr wün-
schet, erhaltet." Freudigen Mutes taten jene, wie er ihnen
gesagt hatte, und wunderbar! kaum waren sie nach Hause
zurückgekehrt, so fühlte die Frau, daß sie Mutter sein
werde. Und als sie einen Sohn geboren hatte, brachte sie
ihn dem heiligen Mann dar und dankte Gott, der so das
Gebet seiner Knechte erhört. Columban aber weihte das
Kind dem Herrn, hob es selbst aus der Taufe und gab ihm
den Namen Donatus. Später ward der Knabe im Kloster
erzogen und zur Weisheit angeleitet und ward Erzbischof
zu Vesontium, als der er noch bis auf den heutigen Tag
lebt. Aus Liebe zum heiligen Columban gründete der-
selbe auch ein Mannskloster mit dessen Ordensregel, das
von seinem alten Bau her Palatium genannt wurde. Der
Herr aber erfüllte das Versprechen seines Knechtes und
schenkte dem Waldalenus noch einen zweiten Sohn namens Ramelenus, ausgezeichnet durch Adel und Weis-

heit, der nach des Vaters Tod in dessen Würde eintrat und, obwohl im weltlichen Stande, doch getreu war in der Furcht Gottes. Denn auch er stiftete aus Liebe zu dem heiligen Mann nach dessen Ordensregel ein Kloster im Gebirge Jura an dem Flüßchen Visona, und setzte daselbst den Siagrius als Abt ein. Auch noch zwei Töchter gebar die Flavia; nach ihres Gemahls Tod aber gründete sie in der Stadt Vesontium ein Frauenkloster, verschaffte ihm allen Schutz und vereinigte viele Nonnen daselbst.

## 18.

Schon war der Ruf Columbans durch alle Teile Galliens und Deutschlands gedrungen, und alles war voll seines Lobes, so daß auch der König Theuderich oft zu ihm kam und in aller Demut ihn bat, Fürbitte für ihn zu tun. Denn nachdem Sigebert auf Anstiften seines Bruders Hilperich, der sich damals in Tornacum aufhielt und von Sigebert auf den Tod verfolgt wurde, in dem nicht fern von der Stadt Aravia gelegenen königlichen Schloß Victoriatum ermordet worden war, kam nach dem Willen seiner Gemahlin Brunhilde die Herrschaft an seinen Sohn Childebert, und als dieser noch in den Jünglingsjahren starb, an dessen zwei Söhne Theudebert und Theuderich, die mit ihrer Großmutter Brunhild regierten: das Ostreich kam an Theudebert, Burgund erhielt Theuderich, der sich glücklich schätzte, den heiligen Columban in seinem Reich zu haben. Wie er nun so häufig zu diesem kam, begann ihn der Mann Gottes auszuschelten, daß er sich mit Kebsweibern versündige und sich nicht lieber des

Trosts einer rechtmäßigen Gemahlin erfreue. Der König
versprach auch, sich alles Unerlaubten zu enthalten: da
trat aber die alte Schlange zu seiner Großmutter Brunhild, die eine zweite Jesabel war, und regte sie mit dem
Stachel des Hochmuts gegen den frommen Mann auf,
weil sie sah, daß Theuderich ihm gehorsam sei. Denn sie
befürchtete, daß, wenn nach der Verstoßung der Kebsweiber eine Königin am Hofe befehle, ihre Macht und
Ehre Abbruch erleide.

## 19.

Es geschah nun, daß der heilige Columban eines Tags zu
Brunhild kam, die sich damals in Brocariaca aufhielt; und
als sie ihn in den Hof kommen sah, führte sie die Söhne
Theuderichs, die dieser im Ehebruch erzeugt hatte, zu
ihm. Dieser fragte, als er sie erblickte, was sie von ihm
wollten. Brunhilde sprach: „Es sind des Königs Söhne,
stärke sie durch deinen Segen." Er aber erwiderte:
„Wisse, daß diese nimmermehr das königliche Szepter
führen werden, denn sie sind aus Unzucht entsprungen."
Wütend hieß jene die Knaben sich entfernen. Als darauf
Columban aus dem königlichen Hof schritt, erhub sich
ein lautes Krachen, daß das ganze Haus erbebte und alle
vor Schrecken zitterten, der Wut des elenden Weibes aber
konnte es nicht Einhalt tun. Von der Zeit begann sie ihre
Feindseligkeiten gegen die benachbarten Klöster und ließ
einen Befehl ergehen, daß man keinen der Mönche au-
ßerhalb des Klostergebiets frei ziehen lasse, ihnen keine
Aufnahme gewähre, noch sonst mit Hilfeleistungen ihnen

beispringe. Wie Columban sah, daß man bei Hofe gegen
ihn aufgebracht sei, eilte er nach Spissia, wo damals der
König sich aufhielt, um durch seine Ermahnungen solchen Trotz zu brechen. Als er gegen Sonnenuntergang
daselbst ankam, und dem König gemeldet wurde, er sei
da, wolle aber nicht den Palast betreten, da sprach Theuderich, besser sei es, dem Mann Gottes in Ehrfurcht die
nötigen Dienste zu leisten, als den Zorn des Herrn zu
wecken durch eine Beleidigung seines Knechtes. Als nun
die Diener kamen und dem Columban nach des Königs
Befehl Speise und Trank mit königlicher Pracht darreich-
ten, fragte er, was sie ihm damit wollten, und wie sie ihm
sagten, es komme vom König, wies er es von sich und
sprach: „Es steht geschrieben: „Die Gaben der Gottlosen
verwirft der Höchste; denn es ziemt sich nicht, daß der
Mund der Knechte Gottes von der Speise dessen verun-
reinigt werde, der dieselben nicht allein von seiner, sondern auch von fremder Wohnung ausschließt." Bei diesen
Worten brachen alle Gefäße in Stücke, so daß der Wein
und Met auf den Boden floß. Erschrocken melden das die
Diener dem König, der voll Angst in aller Frühe mit seiner Großmutter zu Columban eilt; beide bitten sie, ihnen
das Geschehene zu vergeben und versprechen, sich zu
bessern. Dadurch beruhigt, kehrte er in sein Kloster zurück, aber bald erneuten sich die Bedrückungen noch in
verstärktem Maße von seiten des Königs, der in seiner
alten Unzucht fortlebte. Da richtete Columban einen Brief
an ihn, voll von Vorwürfen und drohte ihm mit dem Bann,
wenn er sich nicht zur Besserung anschickte.

## 20.

Brunhilde stachelte jetzt von neuem auf alle Weise den König gegen Columban auf, trieb auch alle Vornehmen und die Personen am Hof dazu an, und bewog die Bischöfe, Columbans Glauben herabzusetzen und die Ordensregel, die er gegeben hatte, anzugreifen. Es kam dahin, daß der heilige Mann sich seines Glaubens halber verantworten oder abziehen sollte: der König, durch jene genötigt, kam nach Luxovium und warf ihm vor, daß er von den Bräuchen des Landes abweiche, und nicht allen Christen den Eintritt in die inneren Klosterräume gestatte. Auf diese Vorwürfe erwiderte Columban – denn er war unerschrocken und starken Mutes – es sei seine Gewohnheit nicht, weltliche Menschen in die Wohnung der Knechte Gottes einzulassen, jedoch habe er passende Orte bereit, wo alle aufgenommen werden, die nur kommen. Darauf sprach der König: „Wenn du noch länger die Gaben unsrer Gunst und Gnade genießen willst, so wird künftighin jedermann überall Zutritt haben." Columban antwortete: „Wenn du in etwas die Ordensregel zu verletzen wagst, so will ich nicht weiter deine Unterstützung genießen. Kamst du aber hierher, um die Klöster der Knechte Gottes zu zerstören und ihre Zucht und Ordnung aufzulösen, so wisse, daß dein Reich mit dem ganzen königlichen Geschlecht untergehen wird." Schon hatte der König in seiner Vermessenheit das Refektorium betreten – erschreckt durch diese Worte wich er eiligst zurück. Als aber Columban mit harten Scheltworten auf ihn eindrang, sprach Theuderich: „Du hoffst, ich werde dir die Krone des Märtyrertums aufsetzen, glaube nicht, daß ich so tö-

richt bin, ein solches Verbrechen zu begehen." Aber er
werde bessern und nützlichern Rat schaffen, und ihn, der
von der allgemeinen Sitte abfalle, heimschicken, woher
er gekommen sei. Zugleich ließen sich die Hofleute einstimmig hören, sie wollten den nicht dulden, der nicht
mit jedermann Umgang haben wolle. Da sprach der heilige Columban, nur wenn man ihn mit Gewalt heraus-
reiße, werde er die Räume seines Klosters verlassen. Jetzt
zog der König von dannen, ließ aber einen vornehmen
Herrn namens Baudulf zurück, der dann den frommen
Mann aus dem Kloster trieb und ihn nach Vesontium in
die Verbannung abführte, bis der König weiteres über ihn
beschlossen hätte. Hier predigte Columban den Verbre-
chern im Gefängnis das Wort Gottes und befreite sie auf
die wunderbarste Weise, nachdem sie ihm gelobt hatten,
sich zu bessern und Buße zu tun über ihre Sünden.

## 21.

Seit der Zeit wagte niemand ihn anzutasten, denn sie
sahen alle, daß die Kraft Gottes stark in ihm sei. Als er
nun sah, daß er gar nicht bewacht werde, stieg er an
einem Sonntag auf den Berg bei Vesontium und wartete
bis Mittag, ob ihm jemand die Rückkehr in sein Kloster
verwehre; dann nahm er mitten durch die Stadt den Weg
dahin. Bei dieser Nachricht steigerte sich Brunhildens und
Theuderichs Erbitterung noch mehr, und sie schickten
den Grafen Berthar und den schon erwähnten Baudulf
nach dem Kloster. Diese fanden den frommen Mann in
der Kirche mit der ganzen Schar der Brüder betend und

Psalmen singend und sprachen zu ihm: „Mann Gottes,
wir bitten dich, des Königs und unsern Befehlen zu ge-
horchen und wieder dahin zurückzukehren, woher du in
dieses Land gekommen bist." Er aber antwortete: „Ich
glaube meinem Schöpfer nicht wohlzugefallen, wenn ich
wieder in meine Heimat gehe, die ich aus Liebe zu Christo verlassen." Wie sie sahen, daß Columban ihnen nicht
gehorche, zogen sie ab, ließen jedoch einige Männer von
rauhem Sinn und rauher Art zurück. Columban beharrte
dabei, er werde nur der Gewalt weichen. Als ihn aber
jene mit Bitten beschworen, das Kloster zu verlassen, da
ihnen sonst der Tod drohe, so beschloß er, um nicht andere zu gefährden, nachzugeben, und zog unter allgemei-
nem Klagen und Jammern von dannen; Begleiter wurden
ihm beigegeben, die ihm bis an die Grenzen des Reichs
nicht von der Seite weichen und ihn bis Namnete bringen
sollten; Ragamund hieß der Vornehmste unter ihnen.
Beim Abschied blickte er gen Himmel und sprach:
„Schöpfer der Welt, bereite du uns eine Stätte, wo dir
dein Volk dienen kann." Dann tröstete er die ganze Schar,
Gott werde schnell ihren Kummer rächen; wer ihm folgen wolle, solle kommen, die übrigen in Geduld zurück-
bleiben. Jedoch die Leute des Königs erklärten, nur die
dürften ihm folgen, welche seine Landsleute oder mit
ihm aus der Bretagne gekommen seien. Da wuchs ihr
Schmerz, er aber flehte zu dem Herrn, dem Tröster aller
Menschen, daß er die in seinen Schutz nehmen möge,
welche des Königs Gewalttätigkeit von ihm reißen. Darunter war auch Eustasius, der Schüler und Diener Columbans, der später in ebendiesem Kloster Abt wurde,
und über den sein Oheim Mietius, der Bischof von Lin-
gones, die Obhut hatte.

So zog denn der heilige Mann im zwanzigsten Jahre, nachdem er in diese Gegend gekommen war, von dannen und gelangte über Vesontium und Augustodunum nach der Burg Cavalo. Unterwegs wollte ihn der Stallmeister Theuderichs mit der Lanze durchbohren. Aber die Hand Gottes verhinderte das und lähmte seine Rechte, so daß die Lanze zu seinen Füßen in den Boden fuhr und er selbst von unheimlicher Macht ergriffen vor Columban niederstürzte. Dieser aber pflegte ihn bis zum folgenden Morgen und entließ ihn dann geheilt nach Hause. Von Cavalo gelangte er an den Fluß und Flecken Chora, wo er bei der edlen und frommen Frau Theudemanda einkehrte und zwölf Besessene, die ihm begegneten, heilte. In Autisiodorum, wohin er nun kam, sprach er zu seinem Begleiter Ragamund: „Wisse, daß ihr den Chlothar, den ihr jetzt gering achtet, innerhalb drei Jahren zum Herrn haben werdet. Du wirst es sehen, was ich gesagt habe, und dann nahe am Throne stehen."

## 22.

Noch manche andere Wunder verrichtete er auf seiner Reise. Bei der Stadt Niverni wurde er über den Liger gesetzt. Von da ging es nach der Stadt Aurelianum, wo sie traurig am Ufer der Loire unter Zelten ausruhten, denn der Zutritt zu den Kirchen war ihnen nach des Königs Befehl verwehrt. Da ihnen ihr Vorrat ausgegangen war, wurde Potentinus, der später in Armorika bei der Stadt Constantia ein Kloster gegründet hat und noch lebt, mit noch einem andern in die Stadt geschickt, um Lebensmit-

tel zu holen. Aber die Furcht vor dem König hatte aller
Herzen verhärtet: nur ein Weib, das einst mit ihrem Mann
aus Syrien hierher gekommen war, schloß ihnen mildtä-
tig ihr Haus auf. Dieser Mann aber war seit langen Jahren blind; da brachte ihn Potentinus vor Columban. Der
betete, legte die Hände auf seine Augenlider und machte
ihn wieder sehend. Dann trieb er auch einer Schar Beses-
sener die Teufel aus. Wie das Volk der Stadt solches sah,
wurde es von Ehrfurcht vor dem frommen Mann erfüllt,
wagte sie aber vor seinen Begleitern nicht lautwerden zu
lassen, um nicht des Königs Zorn auf sich zu laden.

## 23.

Von Aurelianum fuhren sie zu Schiffe nach Turones hinab;
hier bat Columban, man möge anlegen und ihm erlau-
ben, das Grab des heiligen Bekenners Martinus zu besuchen. Seine Begleiter litten das nicht, aber die Ruderer
konnten das Schiff nicht vorwärtsbringen, und als sie es
sich selbst überließen, trieb es pfeilgeschwind dem Hafen
zu. So stiegen sie denn ans Land und Columban brachte
die ganze Nacht am Grabe des heiligen Martinus zu. Am
Morgen lud ihn der Bischof Leupar zu sich; auf dessen
Frage, warum er wieder in seine Heimat zurückkehre,
antwortete er: „Theuderich, der Hund, hat mich von meinen Brüdern gejagt." Da sprach einer der Gäste namens
Chrodowald, der Theudeberts Muhme zur Frau hatte,
aber dem König Theuderich anhing: „Angenehmer ist's,
Milch zu trinken als Wermut," und erklärte dann, dem
König Theuderich die Treue, die er ihm gelobt, so lange

zu bewahren, als es in seiner Macht stehe. Hierauf sagte
Columban: „Dann wird es dich auch freuen, deinem
Herrn und Freund meine Botschaft zu überbringen.
Melde also dem Theuderich, daß er mit seinen Kindern
innerhalb drei Jahren umkommen, und sein ganzes Geschlecht vom Herrn werde ausgerottet werden. Ich darf
nicht verschweigen, was mir Gott zu verkünden geboten
hat."

24.

Von Tours fuhr er auf der Loire nach Namnete hinab, wo
er einige Zeit verweilte, bis der Bischof Suffronius und
der Graf Theudoald nach des Königs Befehl für seine
Überfahrt nach Irland gesorgt hatten. Es fand sich auch
ein schottisches Handelsschiff, aber als es an die Mün-
dung der Loire kam, konnte es nicht die hohe See gewinnen, sondern wurde von dem Andrang der Wogen auf
den Strand zurückgetrieben, und saß nun drei Tage auf
dem Trocknen fest. Da merkte der Schiffsherr, daß das
um Columbans willen geschehe, setzte alles, was ihn an-
ging, wieder ans Land, und alsbald kam nun eine Flut
und führte das Schiff in die See hinaus. Columban wandte
daher um und niemand hielt ihn auf, denn staunend hatten alle erkannt, es sei nicht der Wille Gottes, daß er nach
seiner Heimat zurückkehre. Nicht lange darauf zog Columban zu Chlothar, Hilperichs Sohn, der in Neustrasien
über die Franken, die an der Küste des Ozeans ansässig
waren, herrschte. Schon aus der Ferne hatte Chlothar
gehört, welche Mißhandlungen der Mann Gottes von

Brunhild und Theuderich erlitten; jetzt nahm er ihn wie
eine wahre Himmelsgabe auf und bat ihn, in seinem Reich
zu bleiben. Das schlug Columban aus, verweilte jedoch
einige Zeit bei dem König und verwies ihm verschiedene
Mißbräuche, die ja an einem Königshof nicht wohl fehlen
können. Chlothar versprach auch, alles nach seinen Befehlen zu verbessern, denn er liebte mit Eifer die Weisheit. Unterdessen erhub sich zwischen Theudebert und
Theuderich Streit über die Grenzen ihrer Länder, und
beide sandten an Chlothar und baten ihn um Hilfe. Dieser war auch geneigt, einen gegen den andern zu unterstützen und fragte darüber Columban um Rat. Der aber
sprach, erfüllt von prophetischem Geiste, er solle sich mit
keinem einlassen, binnen drei Jahren werden die Reiche
beider ihm zufallen. Und der König folgte seinem Rat.

## 25.

Darnach lag Columban dem Chlothar an, daß er ihm
dazu verhelfe, durch Theudeberts Gebiet und über die
Alpen nach Italien zu gelangen; und der König gab ihm
sicheres Geleit zu Theudebert.

## 26.

Über Paris kam er so nach Meldä, wo er vom Chagnerich,
einem vornehmen und weisen Mann, dem Freund und
Ratgeber Theudeberts, mit Freuden aufgenommen wurde. Dieser versprach, ihn selbst an des Königs Hof zu

geleiten und hielt ihn einige Zeit in seinem Haus zurück, um sich seiner Lehre zu erfreuen. In Vultiacum an der Materna kehrte er bei Authar ein; auch dessen Söhnen gab er seinen Segen, als sie von ihrer Mutter Aiga gläubigen Sinnes ihm dargebracht wurden: beide standen später bei Chlothar und Dagobert in hohen Ehren und gründeten zuletzt nach Columbans Ordensregel zwei Klöster, und zwar der ältere Ado im Joragebirge, der jüngere Dado in den Bergen von Brig an dem Flüßchen Resbach.

## 27.

Von da gelangte Columban zu Theudebert, der ihn mit Ehren empfing. Schon vorher waren aus Luxovium viele Brüder zu ihm gekommen: jetzt versprach der König, schöne und für die Knechte Gottes passende Orte ausfindig zu machen, wo sie den benachbarten Völkerschaften predigen könnten. Columban erklärte, wenn es ihm ernst damit sei und er ihn tätig unterstützen wolle, so werde er gern auf längere Zeit sich niederlassen und es versuchen, in die Herzen des umliegenden Volkes den Samen des Glaubens auszustreuen. Theudebert stellte nun ihm anheim, sich einen passenden Ort zu wählen, und er entschied sich unter aller Beifall für eine vor Zeiten zerstörte Stadt, die im deutschen Lande, jedoch nicht fern vom Thein, liegt und Brigantia heißt. Als sie den Rhein hinauf fuhren, kamen sie nach Mainz, wo sie der Bischof unerwartet mit allem Nötigen versorgte. Endlich gelangten sie an den bestimmten Ort, der zwar dem Columban nicht gefiel, doch beschloß er zu bleiben, um dem benachbarten Volke den Glauben zu verkündigen. Es ist aber schwäbisches Volk, das dort wohnt. Einmal fand er, als er die Gegend durchzog, wie die Einwohner ein heidnisches Opfer begehen wollten: sie hatten ein großes Gefäß, das bei ihnen Cupa heißt, und das ungefähr zwanzig Eimer hielt, mit Bier angefüllt und in ihre Mitte gesetzt. Auf Columbans Frage, was sie damit wollten, sprachen sie, sie bringen ihrem Gott Wodan (den andere Merkurius nennen) ein Opfer. Wie er von diesem scheußlichen Werke hörte, blies er das Faß an, und siehe da, es löste sich mit Gekrach und sprang in Stücke, so daß alles Bier augenblicklich herausströmte. Da zeigte es sich klar, daß der Teufel in der Kufe verborgen gewesen war, der durch das irdische Getränk die Seelen der Opfernden fangen wollte. Wie das die Heiden sahen, staunten sie und sprachen, Columban habe einen starken Atem, daß er ein fest gebundnes Faß zersprengen könne. Er aber schalt sie mit den Worten des Evangeliums und befahl ihnen, abzulassen von solchen Opfern und nach Hause zu gehen. Viele wurden damals durch die Predigt des heiligen Mannes bekehrt und ließen sich von ihm taufen; andere, die schon getauft waren, aber noch fortlebten im heidnischen Unglauben, führte er durch seine guten Worte wie ein guter Hirt zum Glauben und in den Schoß der Kirche zurück.

In jener Zeit ließen Theuderich und Brunhild nicht allein gegen Columban, sondern auch gegen den heiligen Desiderius, den Bischof von Vienna, ihre Wut aus: nachdem sie ihn in die Verbannung gejagt und ihm viele Mißhandlungen angetan hatten, krönten sie ihn zuletzt durch einen ruhmvollen Märtyrertod.

Unterdessen verlebte Columban mit seinen Gefährten

bei der Stadt Bregenz eine Zeit schwerer Not; aber sie
wankten nicht im Glauben, und der Herr verließ sie nicht,
sondern gab ihnen Speise zur rechten Zeit. Einmal kam
es ihm auch in den Sinn, nach dem Lande der Wenden,
die man auch Sklaven nennt, zu ziehen und dort die Finsternis des Unglaubens mit dem Licht des Evangeliums
zu erhellen. Aber ein Engel des Herrn erschien ihm im
Traum und tat ihm kund, daß jenes Volk noch nicht reif
sei zur Bekehrung. Darum blieb er an seinem Ort, bis
sich ihm der Weg nach Italien auftat.

## 28.

Wie sich nun der Streit zwischen den beiden Brüdern
Theuderich und Theudebert zu tödlicher Erbitterung steigerte, da trat Columban vor den König Theudebert und
forderte ihn auf, sich seiner Herrlichkeit zu entäußern
und ins Kloster zu gehen, auf daß er nicht mit seiner
irdischen Krone auch noch das ewige Leben verliere. Der
König und die um ihn waren, lachten, sie hätten noch von
keinem Merowinger auf dem Throne gehört, der von
freien Stücken Mönch geworden sei. Columban aber
sprach, wenn er denn nicht freiwillig die Ehre des geistlichen Standes auf sich nehmen wolle, so werde er es in
kurzem gegen seinen Willen tun müssen. Nach diesen
Worten kehrte der fromme Mann nach seiner Zelle zurück; sein prophetisches Wort aber wurde gar bald durch
die Tat bestätigt. Theuderich zog gegen Theudebert
heran, schlug ihn bei Tulbiacum aufs Haupt und verfolgte
ihn mit starker Macht. Theudebert sammelte neue Streit-

kräfte und zum zweitenmale kam es nun bei Zülpich zur
Schlacht: auf beiden Seiten fiel eine große Menge; endlich aber ward Theudebert besiegt und floh. Durch Verrat
von den Seinigen fiel er in die Hände Theuderichs und
wurde nun von diesem zur Großmutter Brunhilde geführt, die ihn, weil sie auf Theuderichs Seite war, in ein
Kloster sperren, aber schon wenige Tage darauf ruchlo-
serweise ermorden ließ.

## 29.

Nicht lange nachher kam Theuderich, von der Hand
Gottes getroffen, in der Stadt Metz bei einer Feuersbrunst
ums Leben, worauf Brunhilde seinem Sohn Sigebert die
Krone aufs Haupt setzte. Da gedachte aber Chlothar der
Weissagung Columbans und versammelte ein Heer, um
das Gebiet wieder zu erobern, das ihm gebührte. Gegen
ihn zog Sigebert mit seinem Haufen zur Schlacht, ward
aber samt seinen fünf Brüdern und der Urgroßmutter
Brunhild von Chlothar gefangen genommen. Die Knaben
ließ dieser einzeln töten, die Brunhild aber zuerst zum
Schimpf auf ein Kamel setzen und so ringsherum ihren
Feinden zeigen, dann ward sie wilden Pferden an den
Schwanz gebunden und kam so jammervoll ums Leben.
Wie nun Theuderichs ganzes Geschlecht ausgerottet war,
herrschte Chlothar allein über die drei Königreiche und
Columbans Weissagung hatte sich in allem erfüllt.

## 30.

Als Theudebert von Theuderich besiegt worden war, verließ Columban Gallien und Deutschland und zog nach Italien, wo er vom Langobardenkönig Agilulf mit Ehren aufgenommen wurde. Dieser stellte ihm frei, wo er wünsche sich in Italien niederzulassen. Während seines Aufenthaltes in Mailand beschloß Columban, die Irrlehren der Arianischen Ketzer zu bekämpfen und auszurotten und faßte eine treffliche und gelehrte Schrift gegen sie ab. Zu der Zeit erschien ein Mann namens Jocundus vor dem König und meldete ihm, er wisse in einer einsamen Gegend der Apenninen eine Kirche des heiligen Apostels Petrus, der Ort habe viele Vorzüge, er sei ungemein fruchtbar und habe fischreiches Wasser, seit alten Zeiten heiße er Bobium von dem vorbeifließenden Bache; ein anderer Fluß in der Gegend heiße Trebia, an dem einst Hannibal einen Winter zugebracht. Dahin zog nun Columban und stellte mit allem Fleiß die schon halbverfallene Kirche in ihrer alten Schönheit wieder her, richtete auch ein, was sonst für die Kloster nötig ist.

Währenddessen berief der König Chlothar, als er sah, daß die Worte Columbans an ihm in Erfüllung gegangen seien, den Eustatius, den nunmehrigen Abt von Luxovium, zu sich und ersuchte ihn, sein Gesandter zu werden und in Begleitung edler Männer, die er selbst wählen möge, zu dem heiligen Columban zu reisen und, wo er ihn auch fände, ihn zu bitten, zu ihm zu kommen. Da machte sich also Eustasius auf, seinen Meister zu suchen. Columban aber erklärte, als ihm jener Chlothars Bitte kundtat, nicht mehr die Reise unternehmen zu können;

den Eustasius behielt er einige Zeit bei sich, ermahnte ihn, seiner Mühen und Arbeit nicht zu vergessen, die Schar der Brüder in guter Lehre und Zucht zu halten, sie zu mehren und nach seinen Vorschriften zu erziehen.

An den König richtete er ein Schreiben voll guter Ermahnungen und bat ihn, den Brüdern in Luxovium seinen königlichen Schutz und Hilfe angedeihen zu lassen. Und Chlothar tat so und wandte dem Kloster auf jede Weise seine Gunst zu, gab ihm jährliche Einkünfte, vergrößerte sein Gebiet nach allen Seiten hin und sprang seinen Bewohnern, wo er konnte, hilfreich bei. Columban aber, der Mann Gottes, endete schon nach einem Jahr in jenem Kloster Bobium sein gottseliges Leben. Er starb am 24. November.

# II
# *Das Leben des heiligen Arnulf*
# *Bischofs von Metz*

## *Einleitung*

Es ist zu bedauern, daß Chlodulf, der als dritter Nachfolger Arnulfs 42 Jahre hindurch auf dem bischöflichen Stuhle zu Metz saß, nicht einem fähigeren Manne den Auftrag erteilte, das Leben seines Vaters Arnulf zu schreiben. Obgleich der durchaus gleichzeitige Verfasser, wie er selbst sagt, von vielem selbst Augenzeuge war, vieles von Arnulfs Verwandten und Freunden erfuhr, behandelte er doch die politische Seite von Arnulfs Leben als Nebensache. Von seinem beschränkten Mönchsstandpunkte aus ist ihm der Einsiedler Arnulf wichtiger, als der Bischof und Staatsmann. Er will mehr erbauen, als belehren. Trotz dieser Mängel schien es indessen doch nicht unangemessen, einige hervorstechende Züge aus dem Leben von Karls des Großen Ahnherrn zu geben, der unter den bedeutenden Männern des siebten Jahrhunderts in vorderster Reihe steht und in Verbindung mit seinem Freunde Pippin die Größe des karolingischen Hauses begründet hat.

(Die Annahme, daß Chlodulf die Aufzeichnung dieser Lebensbeschreibung veranlaßt habe, stammt aus dem

Schlußwort einer Handschrift, welches nicht als glaub-
würdig betrachtet wird. Der Verfasser scheint mir nach
Kap. 20 einer von den Mönchen gewesen zu sein, welche
Romarich nach Metz begleitet hatten. Dadurch erklärt
und rechtfertigt sich sein mönchischer Gesichtspunkt und
die Dürftigkeit der Angaben über Arnulfs frühere Wirksamkeit.

# Aus dem Leben des heiligen Arnulf, Bischofs von Metz

## 2.

Arnulf stammte aus fränkischem Geschlecht und von sehr vornehmen und reichbegüterten Eltern.

## 3.

Nachdem er in den Wissenschaften trefflich unterrichtet worden war und das reifere Alter erreicht hatte, wurde er dem Gundulf, des Königs Hausmeier und Rat, übergeben, der ihn in den Geschäften unterwies und zum Dienst König Theudeberts tüchtig machte.

## 4.

Wer vermöchte seine Tapferkeit im Krieg, seine Kunst in Führung der Waffen zu schildern? Oftmals überwand er die Scharen feindlicher Völker im Streit. Darum ward er auch hochgestellt und sechs Provinzen, die damals und auch jetzt wieder ebensoviele einzelne Haushofmeister verwalten, wurden ihm allein übertragen.

## 5.

Dem Drängen seiner Freunde und Verwandten nachgebend, nahm er die Tochter aus einem edlen Hause zum Weibe, die ihm zwei Söhne gebar.

## 6.

Zu jener Zeit aber befand sich im Dienst des Königs ein trefflicher Mann namens Romaricus, welcher in heiliger und vertrauter Liebe mit Arnulf verbunden war. Mit diesem faßte er also nach dem Wort des Herrn, welcher gesagt hat: „Gehe hin, verkaufe alles was du hast und gib es den Armen, so wirst du einen Schatz im Himmel haben; und komm, folge mir nach", den Entschluß, alles zu verlassen und um Christi willen bis nach dem Kloster Lerinum zu pilgern. Aber der Wille des Höchsten verhinderte die Ausführung, denn er wollte nicht, daß diese beiden Männer, welche wie zwei helle Leuchten in dieser Welt glänzten, unter einem Scheffel verborgen würden.

## 7.

Während er nun wie ein kraftvoller Wagenlenker in verschiedener Weise guten Werken sich widmete, geschah es, daß die Stadt Metz eines Bischofs bedurfte. Da erhob sich einstimmig der Ruf des Volkes und erklärte, daß Arnulf, der Haushofmeister und Rat des Königs, des Bistums am würdigsten sei. Er aber übernahm mit Tränen und nur gezwungen, weil es Gott so gefiel, die Verwaltung der Stadt. Während er aber dem Bistum vorstand, behielt er zugleich, obgleich gegen seinen eigenen Willen, das Amt des Haushofmeisters und die Vorstandschaft der Königspfalz. Seine Mildtätigkeit aber wuchs in solchem Maße, daß der Ruf davon sich weithin verbreitete und zahllose Scharen von Armen zu ihm eilten.

## 12.

Als er eines Tages mit dem König Dagobert nach dem Toringerland kam, begab es sich, daß ein vornehmer Mann namens Noddilo einen ihm verwandten Knaben, den er sehr liebte, mit lauten Klagen bejammerte, da er dem Tode nahe war. Da aber der König schon weiter eilte, blieb ihm in seiner Not kein anderer Ausweg, als dem Kranken das Haupt abzuschneiden und nach der Weise der Heiden den Leichnam mit Feuer zu verbrennen. Aber nach Gottes Ratschluß hatte der heilige Bischof Arnulf seine Herberge noch nicht verlassen, und als Noddilo das erfuhr, eilte er sogleich zu ihm und klagte ihm sein Leid. Sogleich begab sich der treffliche Mann zum Bett des Kranken, warf sich auf die Erde und betete lange. Dann sprach er seiner Gewohnheit nach zu dem halbtoten Menschen: „Tue Buße, mein Sohn, wenn du vielleicht etwas Böses begangen hast, um doppeltes Heil zu erlangen." Dieser aber, der schon in Todeszuckungen lag, konnte kaum noch Worte stammeln. Der heilige Mann aber ließ warmes Wasser bringen, wusch damit das Antlitz des Kranken und seine Füße und Hände, und salbte seinen Leib mit dem heiligen Öl. Und so geschah es, daß er an demselben Tag, gleich als ob er niemals krank gewesen wäre, mit den übrigen heil und gesund das Dorf verließ, und fröhlich mit ihnen weiterzog.

## 15.

Aber er sehnte sich nach der Einsamkeit und zog sich oft nach dem Hofgut Dodiniamaca am Fuß der Vogesen oder nach dem in der Nähe der Stadt Metz gelegenen Calcigus zurück, und brachte daselbst Tag und Nacht im Gebet zu.

## 16.

Endlich aber ersuchte er inständig den König, ihm sein Amt, dessen er sich nicht würdig fühle, abzunehmen. Darüber ward Chlothar sehr betrübt und klagte, aller Beistand werde ihm fehlen, wenn der Bischof Arnulf den Palast verlasse. Und unter andern schrieb er an ihn folgende Wort: „Weiter, Herr und Vater, was Ihr in Eurem Briefe geschrieben habt, daß wir an Eurer Stelle einen Nachfolger erwählen möchten, das werden wir keineswegs uns herausnehmen zu tun." Und weiterhin: „Wie sehr wir auch uns über die Mitteilung gefreut haben, daß Ihr vom Herrn gemahnt seid, weil wir glauben, daß Ihr um Eurer Frömmigkeit willen eine göttliche Mahnung erhalten habt, so sehr hat es doch unsern Schmerz erregt, weil wir nicht wünschen, Eures Anblicks beraubt zu werden. Vielmehr, mein Herr und Vater, wenn Ihr auch von

Frömmigkeit getrieben, um ein gutes Werk zu vollbringen, einen anderen Ort aufzusuchen wünscht, so bitten wir doch, daß Ihr um der göttlichen Liebe willen uns nicht ohne Euren Frieden und Eure Gemeinschaft lassen wollet."

Denn so viel Liebe und Vertrauen genoß Arnulf bei Chlothar, daß, als dieser seinen Sohn Dagobert zum König machte, er ihm diesen zur Erziehung, das Reich zur Regierung übertrug, und er flößte dem Dagobert solche Klugheit in Hohem und Tiefem ein, daß man im Volk der Sicambrer von keinem König wußte, der ihm geglichen hätte.

## 17.

Aber da unendliche Sehnsucht ihn in die Einsamkeit trieb, glaubte der kluge König Dagobert ihn durch Drohungen schrecken zu können, damit er ihm zum Troste und zum Rate bliebe, und sprach zu ihm: „Deinen liebsten Söhnen werde ich, weil sie so verlassen sind, wenn du von uns gehst, die Köpfe abschneiden." Da antwortete er: „Das Leben meiner Söhne ist in Gottes Hand; wenn du Unschuldigen das Leben nehmen willst, bist du nicht mehr deines eignen Lebens Herr". Da wurde der König zornig und griff nach dem Schwert an seiner Seite. Arnulf aber schätzte des sterblichen Königs Zorn gering und sprach unerschrocken: „Was tust du Elender? Willst du mir Gutes mit Bösem vergelten? Siehe, ich bin darauf gefaßt. Tauche dein Schwert in mein Blut; ich bin bereit, für die Gebote dessen zu sterben, welcher mir das Leben gegeben hat und für mich gestorben ist." Da sprach einer der

Vornehmen: „O guter König, handle nicht frevelhaft gegen dich selbst. Siehst du nicht, daß der heilige Mann
begierig ist nach dem Martyrium, und fürchtest du dich
nicht, den Knecht Christi zu reizen?" Nach diesen Worten
ruhte nach Gottes Willen der Zorn des Königs eine Weile.

## 18.

Inzwischen kam auch die Königin (Gomatrud) herbei.
Beide aber gedachten ihrer Sünden, fielen dem heiligen
Mann zu Füßen und sprachen flehentlich: „O Herr, ziehe
in die Einsamkeit, wohin du Verlangen trägst; nur ver-
zeihe uns, daß wir dich belästigt haben." Da gewährte
ihnen der heilige Mann die Vergebung, verließ den Palast, und siehe! an der Tür fand er eine fast unzählige
Menge von Lahmen, Blinden und allerlei Armen, auch
von Witwen und Waisen. Als sie ihn nun erblickten, begannen alle zu wehklagen und sprachen: „O frommer
Hirte, was gehst du von uns? Wer wird sich nun unser
erbarmen? Wer wird uns Nahrung und Kleidung geben?
Wenn du uns fehlst, werden wir alle sterben, und in Blöße
und Hunger zugrunde gehen." Er aber tröstete sie weinend und mit bewegter Simme und sprach: „Gott wird
euch einen Hirten geben, der euch voll Mitleid und Barmherzigkeit weiden wird; denn mein Angesicht werdet ihr
nach kurzer Zeit nicht mehr sehen. Ihr aber trachtet, wie
Christus sagt (Matth. 6, 33) zuerst nach dem Reich Gottes
und nach seiner Gerechtigkeit, so wird euch das alles
zufallen. Seid gerüstet, gütig gegeneinander, barmherzig,
auf daß ihr, die ihr in Armut und Elend Drangsal leidet,

im zukünftigen Leben mit Christo zu herrschen verdienet, denn auch Lazarus, der Bettler, ist von den Engeln in Abrahams Schoß gebracht. So suchet auch ihr den Herrn, und eure Seele wird hier und in Ewigkeit leben." Und nach diesen Worten wandte er sich sogleich zum Gebet.

## 19.

Bald darauf wurde auf die dringenden Bitten des trefflichen Mannes der heilige Goerich, mit dem Beinamen Abbo, zu seinem Nachfolger erwählt. Denn in würdiger Weise fügte es der Herr, daß auf den Heiligen ein Heiliger folgte. Auf diese Kunde machte sich der treffliche Mann Romarich aus dem Vosagus auf zu Arnulf und bereitete ihm eine passende Stätte in der wüsten Einöde.

## 20.

Was aber gleich in der folgenden Nacht, nachdem er gekommen war, für ein Wunder durch diesen erhabenen Bischof in der Stadt vollbracht ist, darf ich nicht verschweigen. Durch einen Zufall wurde das Vorratshaus des Königs vom Feuer ergriffen, und eine hohe Flamme leckte drohend nach den benachbarten Häusern. Rasch erhob sich die ganze Stadt und jammerte und wehklagte, da sie ihr Verderben vor Augen sahen. Da eilten wir rasch zu dem Haus des heiligen Mannes und fanden ihn, so wie es immer seine Gewohnheit war, die Psalmen singend. Sogleich ergriff Romarich seine Hand und sprach zu ihm:

„Herr, komm heraus, unsere Pferde stehen vor der Türe, damit nicht hier in der Stadt diese Feuersbrunst dich verschlinge." Er aber antwortete: „Mitnichten, meine Lieben, sondern führt mich dahin und laßt uns die schreckliche Glut betrachten, und stellt mich nahe dabei. Ist es Gottes Wille, daß ich verbrenne, siehe, mein Leben ist in seiner Hand." Da ergriffen wir seine heiligen Hände und kamen zu dem brennenden Haus, und auf sein Geheiß warfen wir uns nieder zum Gebet. Nachdem wir einen Psalm gesprochen, erhoben wir uns, und er erhob die Hände gegen die gewaltigen Flammen und warf das Banner des Kreuzes hinein. Sogleich sank das Feuer in wunderbarer Weise, wie vom Himmel getroffen, innerhalb der Wände des Hauses zusammen und richtete weiter keinen Schaden an. Wir aber, über die Gefahr beruhigt, dankten Gott, sprachen das Morgengebet und kehrten zu unseren Betten zurück. Sogleich sah einer von den Brüdern folgende Erscheinung: er blickte zum Himmel empor und sah wie mit Feuer gemalt das Zeichen des Kreuzes, und sogleich hörte er vom Himmel herab zur Seite des Kreuzes sagen: „Siehst du dieses Zeichen? In dieser Nacht hat Bischof Arnulf diese ganze Stadt vom Feuer befreit." Uns allen, die wir voll Staunen waren über das Wunder, welches wir gesehen hatten, wie er das Feuer bändigte, erzählte dieser Bruder die Vision.

## 21.

Darauf verließ der heilige Mann alle Dinge dieser Welt und gab sein Gut reichlich an die Armen. Dann ging er, arm in dieser Welt, aber reich in der Kraft des Herrn, wie ein neuer Elias in die Einöde und baute mitten unter den wilden Tieren des Waldes kleine Hütten, wo täglich das Lob Gottes erschallte. (Hier führt er nun mit den Mönchen, welche sich um ihn sammeln, ein asketisches Leben, dessen Schilderung dem Leben der h. Radegunde entlehnt ist.)

## 22.

Da nun Gott der Allmächtige seinen Kämpfer zu dem ihm bestimmten Lohn abrufen wollte, nahte ihm der letzte Tag. Da fand sich auch der fromme Mann Romarich ein und erwartete mit seinen Mönchen die Stunde seiner Auflösung. Da sprach der Auserwählte Gottes und heilige Bischof folgende Wort: „Ihr guten Männer und liebe Herren! bittet Christum für mich. Schon ist der Tag gekommen, an welchem ich vor meinen Richter treten muß. Was soll ich tun? Nichts gutes habe ich in dieser Welt getan, von allen Sünden und Verbrechen fühle ich mich bedrängt. Darum flehet zum Herrn, daß ich Vergebung erlange." So sprach der heilige Mann, weil ja geschrieben steht: „Der Gerechte beschuldigt im Beginn seiner Rede sich selbst." Inzwischen kommt die Stunde, da jene heilige Seele von den heiligen Engeln zu Christus getragen werden sollte. Alsbald war bei den höchsten Heerscharen im Himmel ohne Zweifel große Freude, aber bei den Armen Christi und den Mönchen in dieser Welt lautes Wehklagen. Das Evangelium wurde gebracht, und der Lektor verlas es zwischen den Gesängen der Trauernden. Denn der treffliche Mann Romarich bestattete seinen Leib mit allen Ehren in der Burg Habendum.

## 23.

Acht Jahre später versammelte sein Nachfolger, der Bischof Goerich, eine große Schar von Geistlichen und eine gewaltige Volksmenge, nahm auch zwei Bischöfe zu sich, und so begaben sie sich in die Einöde. Hier erhoben sie nach ehrfurchtsvoller Feier die heiligen Glieder aus dem steinernen Sarge, legten sie auf eine Bahre und brachten sie voll Freude zur Stadt. (In der Kirche des h. Apostel, später nach Arnulf benannt, vor der Stadt – sie ist 1552 zerstört – wird er bestattet; Wundergeschichten bilden den Schluß.)

# III
# Das Leben des heiligen Leodegar

## Einleitung

Das Leben des h. Bischofs Leodegar von Autun wurde, um von späteren Bearbeitungen abzusehen, von zwei Landsleuten und Zeitgenossen desselben beschrieben.

Die in jeder Hinsicht bedeutendere und auch ältere Biographie, deren Übersetzung wir hier geben, hat einen Mönch von Augustodunum zum Verfasser, der den Leodegar persönlich kannte und außerdem an seinem Abt Winobert (Kap. 13) und dem Bischof Ermenar, Leodegars Nachfolger im Bistum, die nächsten und sichersten Gewährsmänner hatte. Dem letzteren ist das Werk auch gewidmet.

Die zweite Biographie rührt von einem gewissen Ursinus her, der in Poitiers, wo Leodegar seine Jugend zubrachte, lebte und auch von Ansoald, dem Bischof dieser Stadt, zur Abfassung seines Werks bestimmt wurde. Er hatte bereits die erste Lebensbeschreibung vor sich und entnimmt ihr lange Stellen ganz wörtlich. Manche eigentümlichen und, da ihm hier die heimische Überlieferung zuhilfe kam, auch glaubwürdigen Züge gibt er jedoch im Anfang, von denen daher auch einige Angaben in die Übersetzung aufgenommen worden sind.

Unter allen Biographien des siebten Jahrhunderts ist die Leodegars für die politische Geschichte die bedeutendste. Während neben Columbans Leben noch Fredegar hergeht, sind wir hier bloß auf ein dürftiges Kapitel (45) in den „Taten der Frankenkönige" angewiesen. Der Mönch von Autun füllt somit eine höchst empfindliche Lücke in der Geschichte aus, und das auf eine wirklich treffliche Weise. Seine Schrift trägt durchaus das Gepräge der Glaubwürdigkeit an sich. Seine Erzählung, gleich weit entfernt von Fredegars Rohheit, wie von Jonas' Schwulst, ist einfach, lebendig und oft wirklich schön. Wenige Heiligenleben sind so frei von dem Ballast von Wundergeschichten, erst mit und nach Leodegars Tod werden einige beigebracht.

# Das Leben des heiligen Leodegar, Bischofs von Augustodunum (Autun)

Leodegar, einem vornehmen fränkischen Geschlecht entsprungen, kam schon als Kind an den Hof König Chlothars, wurde aber nach kurzer Zeit von diesem seinem
Oheim, dem Bischof Dido von Pictavis, übergeben, der
ihn sorgfältig erzog und in aller weltliche wie geistigen
Wissenschaft unterrichtete. Als er ungefähr 20 Jahr alt
war, wurde er zum Diakonus und bald darauf zum Archi-
diakonus der Stadt gewählt. Nun hatte sich in der Stadt
Augustodunum um den bischöflichen Sitz schwerer Streit
zwischen zwei Männern erhoben, in welchem zuletzt der
eine ums Leben kam, worauf der andere um dieses Ver-
brechens willen verbannt wurde. Da rief die Königin Balthilde, die damals mit ihrem Sohn Chlothar über die Franken herrschte, und zu der das Gerücht von Leodegars
Trefflichkeit gedrungen war, diesen aus der Stadt Pictavis, wo er unterdessen Abt des Klosters des h. Maxen-
tius geworden war, herbei und machte ihn zum Bischof
von Augustodunum, damit er die schon fast zwei Jahre

verwaiste Kirche schirmen sollte. Jetzt beugten sich die
Feinde der Kirche und der Stadt, so wie alle, die sich mit
Haß und Totschlag verfolgten: denn die, welche seine
Predigt nicht zu Frieden und Versöhnung bewegen konnte,
die zwang die Gerechtigkeit und der Schrecken dazu.

## 2.

Zu der Zeit aber war Ebroin Hausmeier König Chlothars;
die Königin-Mutter hatte sich schon in ein von ihr gestif-
tetes Kloster zurückgezogen. Da traten die, welche den
Leodegar ob seiner strengen Gerechtigkeit haßten, vor
Ebroin und verleumdeten den Bischof bei ihm. Ebroin
aber war voll Habsucht und Geiz, so daß immer die Recht
bei ihm fanden, die ihm das meiste Geld gebracht hatten.
Und nicht allein solche Räuberei trieb er, sondern um der
geringsten Beleidigung willen ließ er das unschuldige Blut
vieler Edler vergießen.

## 3.

Den Leodegar nun haßte er, weil ihm dieser nicht schmeichelte und allen Drohungen gegenüber sich unerschrok-
ken erwies. Als Leodegar bereits zehn Jahre Bischof gewesen war, starb König Chlothar. Ebroin hätte nun dessen
Bruder Theuderich, wie es Sitte ist, in feierlicher Ver-
sammlung aller Großen auf den Thron heben sollen, aber
in seinem Übermut mochte er sie nicht zusammenrufen.
Darum befürchteten sie, er möchte die Keckheit, wie die

Macht, haben, wem er übelwolle Böses anzutun, wenn er
den Theuderich, den er zum Ruhm des Vaterlandes hätte
öffentlich auf den Thron setzen sollen, als einen bloßen
Namenskönig behandelte. Es machte sich also eine große
Anzahl vornehmer Männer auf, den neuen König zu be-
grüßen, aber Ebroin ließ sie nicht vor, denn schon vormals hatte er das Gebot erlassen, es dürfe kein Burgunder ohne seine Erlaubnis den Palast betreten. Jetzt faßten
die Großen den gemeinschaftlichen Beschluß, sich von
Theuderich loszusagen und seinen jüngeren Bruder Childerich, der in Austrasien herrschte, als ihren König anzu-
erkennen. Wer diesem Beschluß nicht freiwillig beitrat,
floh oder wurde zum Beitritt gezwungen. Wie nun dem
Childerich das neustrische wie das burgundische Reich
zufielen, aus Furcht vor Ebroins Tyrannei, da erkannte
dieser, daß es mit seinem Treiben ein Ende habe und floh
zu dem Altar einer Kirche. Alsbald wurden an vielen Orten seine Schätze geplündert, und es wurde wohl daran
getan, das in einem Augenblick zerstreuen, was er in seiner Ungerechtigkeit während einer langen Zeit sich übel
gesammelt hatte. Nur durch die Vermittlung einiger Bischöfe und vornehmlich Leodegars geschah es, daß er
nicht getötet, sondern nach dem Kloster Luxovium gebracht wurde, um dort in der Verbannung seine Übeltaten abzubüßen. Als aber Childerich seinen Bruder, gegen
den er gezogen war, zu einer Unterredung zu sich rufen
ließ, da glaubten einige Große des Reichs, dem König
schmeicheln und ihm einen Dienst erweisen zu können
und schnitten dem Theuderich, ihrem Herrn, frecher-
weise sein langes Haupthaar ab und brachten ihn so vor
Childerich. Wie ihn dieser fragte, welche Behandlung er

wünsche, so antwortete Theuderich bloß, er sei ungerecht vom Thron gestoßen worden, der Herr des Him-
mels werde sein Richter sein. Hierauf ward ihm das Kloster des h. Märtyrers Dionysius als Aufenthaltsort angewiesen, um daselbst in Sicherheit abzuwarten, bis sein
Haar wieder gewachsen wäre. Und der Herr des Him-
mels, den er als seinen Richter angerufen, ließ ihn auch
nachmals in Glück herrschen.

## 5.

Es lagen nun dem König Childerich alle an, er möge in
seinen drei Reichen die Anordnung treffen, daß Recht
und Herkommen eines jeden Landes gewahrt werde, wie
es die alten Richter taten, es sollten nicht die Beamten
aus der einen Provinz in die andere geschickt werden,
keiner sollte hinfort wie Ebroin tyrannische Gewalt in
Händen haben und wie er auf seinesgleichen herabsehen
dürfen, sondern das höchste Amt solle unter ihnen wech-
seln. Childerich erfüllte die Forderungen gern; aber er
schenkte, wie er denn eben noch in jungen Jahren stand,
den Ratschlägen schlechter und törichter Menschen Gehör und hob alsbald wieder auf, was er nach weiser Männer Rat beschlossen hatte. Da er indes erkannt hatte, daß
der heilige Leodegar mit dem Licht der Weihheit alle über-
strahle, so hatte er ihn beständig um sich in seinem Palast
und machte ihn zu seinem Hausmeier. Leodegar stellte
nun, wo sich Mißbräuche eingeschlichen hatten, die Gesetze der alten Könige wieder in Wirksamkeit her, so daß
sich jedermann Glück wünschte, den Childerich zum Kö-

nig und den Leodegar zum Hausmeier zu haben. So vergingen etwas drei Jahre. Da erwachte aber der Neid der Bösen, sie suchten Anklagen wider ihn, und gaben ihm schuld, was der König gerechter- oder ungerechterweise getan haben mochte. Hätte der König aber nur dessen Ratschläge befolgt, so wäre er in den Geboten Gottes gewandelt, jedoch er beschleunigte das Gericht des Herrn, das Theuderich einst angerufen hatte. Wie nun der Mann Gottes sah, daß der Haß des Teufels sich wider ihn erhebe, da ergriff er nach Spruch des Apostels den Schild des Glaubens und den Helm des Heils und das Schwert des Geistes, welches ist das Wort Gottes, und zog in den Streit gegen den alten bösen Feind, der zwischen ihm und dem König das Unkraut der Zwietracht säte. Weil aber die priesterliche Heiligkeit keine Furcht vor königlichen Drohungen kennt, so fing er an, dem Childerich vorzuwerfen, daß er von dem alten Herkommen des Landes, das er doch zu halten geboten, auf einmal abweiche, dabei auch noch, wie man sagt, daß die Königin, seine Gemahlin, die Tochter seines Oheims sei; er möge wissen, daß, sofern er nicht diese und andere Übeltaten wiedergutmache, Gottes Strafgericht in Bälde über ihn hereinbrechen werde. Childerich hörte zwar anfangs gern auf ihn, bald aber lieh er denen sein Ohr, die sich den Lüsten der Welt hingaben, das Recht beugen wollten und den König in seinem jugendlichen Leichtsinn bestärkten, und suchte eine Gelegenheit zu Leodegars Tod.

## 5.

Es war nun damals Hektor, der Patricius von Massilia, ein durch vornehme Geburt und Klugheit in weltlichen Dingen ausgezeichneter Mann, um eines Rechtshandels willen vor König Childerich erschienen und hoffte, durch Leodegars Vermittlung seinen Zweck zu erreichen, der ihn auch gastfreundlich in seiner Stadt aufgenommen hatte. Leodegar hatten den König gebeten, das bevorstehende Osterfest in der Kirche seiner Stadt zu feiern, was dieser, anfangs vergeblich sich weigernd, auch zusagte. Das gab den schon erwähnten Neidern Gelegenheit, ihren bösen Anschlag auszuführen. Sie verbanden sich mit dem damaligen Hausmeier Wolfald und ersannen Beschuldigungen gegen Leodegar und Hektor, diese hätten sich miteinander verschworen, des Königs Herrschaft zu untergraben und die Gewalt an sich zu reißen. Es lebte damals im Kloster des h. Symphorianus Marcolinus, der, wie sich nachmals klar herausstellte, unter dem Deckmantel der Religion übermäßig nach irdischen Ehren trachtete. Der galt dem König für einen Propheten, weil er in seinen Beschuldigungen des Mannes Gottes ihm vor andern zu Gefallen sprach und schmeichelte. Schon am Gründonnerstag hatte Leodegar von dem Mönch Berchar gehört, daß sein Tod beschlossen sei; darum ging er am Morgen des Karfreitag in den Palast und bot sich als an Christi Todestag selbst zum Opfer dar: der König wollte ihn auch mit eigner Hand durchbohren, aber er wurde durch einige verständige Männer unter den anwesenden Großen daran verhindert. Wie nun Leodegar sah, daß der König auf seinen und Hektors Tod bestehe, so wollte er lieber entfliehen, als durch seine Ermordung das Fest von Christi Auferstehung entweihen zu lassen. Denn daß er sich vor dem Märtyrertod gefürchtet, wird wohl niemand glauben. So floh er denn in der Nacht vor Ostern mit Hektor. Sobald das kundward, schickte der König einen seiner Getreuen mit zahlreicher Mannschaft zu ihrer Verfolgung aus. Hektor wurde mit seinen Begleitern getötet, Leodegar aber am frühen Morgen entdeckt und vor Childerich gebracht.

## 6.

Nach dem Vorschlag der Großen und Bischöfe wurde Leodegar nach dem Kloster Luxovium abgeführt, bis weiteres über ihn beschlossen sein würde. Wie nun von den versammelten Großen des Palastes Gericht über ihn gehalten wurde, so ging die einstimmige Meinung dahin, Childerich solle ihn, wenn er ihm das Leben schenken wolle, auf ewige Zeiten nach Luxovium verbannen, was der König auch sofort bestätigte. Auch einige Bischöfe und andere Geistliche hatten dafür gestimmt, um Leodegar nur vor des Königs Zorn zu retten; besonders war der Abt des Symphorianusklosters Hermenar, den Childerich auf den Wunsch des Volks nach Leodegars Abgang zum Bischof von Augustodunum gemacht hatte, dem Childerich oftmals angelegen, er möge ihm das Leben schenken und ihn ruhig in Luxovium lassen.

## 7.

Damals lebte auch Ebroin in der Mönchskutte und geschoren im Kloster Luxovium. Beide versöhnten sich jetzt
und führten ein einträchtiges Leben miteinander. Aber
nicht lange ließ das göttliche Strafgericht bei Childerich
auf sich warten. Denn als er es in seiner Ausschweifung
und Willkür den Großen des Palastes zu arg machte, so
schoß ihn einer derselben, den er vornehmlich beleidigt
hatte, nieder, als er sorglos auf der Jagd war. Als nun
Childerichs Tod ruchbar wurde, da kamen alle, die auf
seinen Befehl verbannt worden waren, ohne Scheu wieder herbei, wie im Frühling die giftigen Schlangen aus
ihren Höhlen hervorzukriechen pflegen. Ihre Wut brachte
das Vaterland in die größte Verwirrung, so daß man
glaubte, der Antichrist werde erscheinen. Die, welche das
Land hätten regieren sollen, feindeten sich gegenseitig
an, und so lange kein König auf dem Thron saß, tat jeder
was ihm gut dünkte, ohne Scheu vor Zucht und Ordnung.
So deutlich zeigte sich damals der Zorn Gottes, daß sogar
ein Stern am Himmel erschien, den die Astrologen einen
Kometen nennen; bei dessen Aufgang, sagen sie, komme
Hungersnot über den Erdboden, Thronwechsel, Volks-
empörung und das Schwert des Todes stehe dann bevor.
Und ganz so geschah es zu jener Zeit.

## 8.

Zwei Herzoge holten nun den Leodegar aus Luxovium.
Zu derselben Zeit kam auch Ebroin aus dem Kloster hervor und erhob aufs neue gleich einer Natter sein giftiges

Haupt. Er gab vor, dem König Theuderich getreu zu sein und mit seinen Gefährten zu ihm zu eilen. Unterwegs aber vor der Stadt Augustodunum gab Ebroin, uneingedenk der erst vor kurzem gelobten Freundschaft, dem Drängen seiner Begleiter nach, die eben erst aus der Verbannung zurückgekehrt waren und den Leodegar statt ihrer eigenen Übeltaten für die Ursache derselben ansahen, und wollte diesen greifen. Jedoch wurde er durch Worte des Bischofs Genesius von Lugdunum, oder durch Furcht vor Leodegars starker Bedeckung davon abgehalten, er heuchelte ihm abermals Freundschaft, und so gelangten sie beide miteinander nach der Stadt. Alles jubelte vor Freude über die Rückkehr des geliebten Priesters. Indes schon am nächsten Morgen brachen sie wieder auf, um miteinander zu Theuderich, dem Frankenkönig, zu ziehen. Auf dem halben Weg jedoch entfernte sich Ebroin von Leodegar und den übrigen, warf sein Mönchskleid ab, und wie er schon seinen Glauben und seinen Gott verlassen hatte, so erwies er sich jetzt auch als der Feind seines irdischen Herrn. Theuderich hatte bereits sein Reich in Besitz genommen und saß sorglos zu Novientum, als ihn Ebroin mit den Austrasiern, die er sich neuerdings zugesellt hatte, überfiel. Der königliche Schatz wurde geplündert und, was früher fromme Fürsten der Kirche geschenkt hatten, geraubt, der Hausmeier ermordet. Am Ende brachten sie einen Knaben herbei, von dem sie erdichteten, er sei Chlothars Sohn, und machten ihn zum König von Austrasien. Und weil dies allgemeinen Glauben fand, so brachten sie ein großes Heer zusammen. Sie verwüsteten und unterjochten das Vaterland und befahlen im Namen des falschen Königs den Richtern.

Wer ihnen nicht gutwillig folgen wollte, der verlor sein Amt, oder wurde, wenn er nicht durch heimliche Flucht entkam, mit dem Schwert umgebracht. Wie viele ließen sich nicht täuschen und glaubten, Theuderich sei tot, Chlodwig aber wirklich Chlothars Sohn? Denn es hatten sich bei diesem Betrug die ersten Männer beteiligt, Desideratus mit dem Beinamen Diddo, vormals Bischof von Cabilone, und sein Amtsgenosse Abbo von Valentia.

## 9.

Jetzt sann Ebroin auf Rache an seinen Feinden. Alle, welche ihm vormals übelgewollt hatten, zitterten, wen bisher sein Schwert verschont hatte, der floh. Leodegar aber war wieder in seiner Stadt Augustodunum, seine Herde zu weiden. Da gedachte Ebroin alles Bösen, was er unter König Childerich von ihm erlitten zu haben glaubte, überlegte, wie er den Leodegar verderben könnte, und gesellte sich für seinen Anschlag dessen Feinde, die ruchlosesten Menschen zu. Darunter waren vor allen Diddo und Waimer; diese versprachen, ihn aus seiner Stadt zu reißen und Rache an ihm zu nehmen. Derüber freute sich Ebroin und gab ihnen zahlreiche Mannschaft, mit der sie bald nach Augustodunum eilten. Wie nun Leodegar von diesem Anschlag hörte, wollte er nicht weiter fliehen, sondern erwartete unerschrocken des Herrn Gericht. Seine Freunde und Getreuen drangen vergeblich in ihn, er möge seine Schätze fortschaffen und selbst von dannen gehen, damit die Feinde auf diese Nachricht hin davon abstehen möchten, die Stadt zu verderben und ihn zu verfolgen. Er verstand sich durchaus nicht dazu, sondern teilte sein ganzes Vermögen unter die Armen aus. Der Dürftigkeit manches Mönchs- und Frauenklosters in der Stadt oder deren Gebiet ward dadurch abgeholfen. Wo war eine Witwe oder Waise, die nicht durch seine Gabe Trost empfunden hätte? Hierauf ermahnte er, mutig zu sein, verordnete für das ganze Volk ein dreitägiges Fasten und ließ mit dem Kreuz und den Reliquien der Heiligen einen feierlichen Umzug um die Mauern der Stadt halten. Unterdessen hatte sich das Landvolk aus Furcht vor dem Feind nach der Stadt geflüchtet, die Tore wurden verrammelt, die Bollwerke befestigt. Der heilige Mann aber, der wohl wußte, daß ihm der Leidensgang bevorstehe, versammelte das ganze Volk in der Kirche und bat, wen er in seinem Eifer für das Rechte beleidigt hätte, ihm zu vergeben. Da war kein Herz so steinern, daß es nicht alle Bitterkeit vergessen hätte. Nicht lange stand es an, so wurde die Stadt von dem feindlichen Heer umringt, und noch an nämlichem Tage von beiden Seiten bis zum Abend tapfer gestritten. Wie nun Leodegar sah, welche Gefahr der Stadt drohe, so sprach er, wenn bloß seinetwegen der Feind gekommen sei, so sei er bereit, ihm zu Willen zu sein und seine Wut zu stillen. Es wurde demnach der Abt Meroald ins feindliche Lager hinausgesandt. Der ermahnte den Diddo mit den Worten des Evangeliums zu Frieden und Vergebung. Aber Diddo in seiner Verstocktheit drohte, nicht eher von der Belagerung der Stadt abzulassen, als bis Leodegar in seinen Händen und dem Chlodwig, den sie betrügerisch zum König gemacht hatten, Gehorsam geschworen sei.

## 10.

Als das der Mann Gottes vernahm, sprach er: „Das sei euch allen, Freunden und Feinden, kundgetan, daß, so lange mich Gott in diesem Leben wandeln läßt, ich nicht wanken werde in der Treue, die ich dem Theuderich vor Gott gelobt habe. Lieber will ich meinen Leib in den Tod geben, als meine Seele durch Treulosigkeit verlieren." Die Feinde stürmten jetzt von allen Seiten mit Geschossen und Feuerbränden auf die Stadt ein. Er aber sagte seinen Brüdern Lebewohl, tröstete ihre änstlichen Gemüter und schritt, nachdem er sich durch des Herrn Mahl gestärkt hatte, unerschrocken durch die Tore ins feindliche Lager, sich für seine Mitbürger opfernd. Da freuten sich seine Widersacher und empfingen ihn wie die Wölfe ein unschuldiges Lamm. Er soll ausgerufen haben: „Ich danke dem allmächtigen Gott, der mich gewürdigt hat, heute Ruhm zu erlangen." Dann litt er es geduldig, daß sie ihn des Augenlichts beraubten. Viele edlen Männer, die dabei zugegen waren, bezeugen es, daß er seine Hände nicht binden ließ, und kein Schmerzenslaut seinem Munde entfuhr, als man ihm die Augen aus dem Kopfe riß, sondern er stimmte Psalmen an zum Lobe Gottes. Um solche Übeltat auszuführen, war Herzog Waimer von Campania mit dem Diddo aus Austrasien herbeigekommen. Diese beiden übertrugen nun einen gewissen Bobo, der vor kurzem erst durch einen Bannfluch des Bistums von Valentia entsetzt worden war, Augustodunum zur Verwaltung oder vielmehr zur Verwüstung. Denn zu dem vielen, was den Bürgern abgenommen wurde, mußte die Kirche noch 5000 Solidi zahlen.

## 11.

Nachdem die Feinde ihre in der Stadt gemachte Beute verteilt hatten, übergaben sie den Leodegar dem Waimer, der hierauf mit ihm und dem Heer wieder heimzog. Desideratus aber, der den Beinamen Diddo führte, rückte mit Bobo und dem Herzog Adalrich, der Patricius der Provinz werden sollte, bis nach Lugdunum vor, um hier den Genesius zu vertreiben, wie sie es so eben mit Leodegar gemacht hatten, und das ganze Patriciat zu unterjochen. Aber von allen Seiten her hatte sich das Volk in der Stadt versammelt und wehrte mit Gottes Beistand jeden Angriff tapfer ab.

Als Ebroin von dem Geschehenen Kunde erhielt, ließ er den Leodegar nach einer einsamen Waldgegend bringen und das falsche Gerücht allenthalben verbreiten, er sei ertrunken und ließ ihm auch einen Grabhügel aufwerfen, so daß, wer hören oder sehen konnte, die Sache für wahr hielt. Ebroin wollte ihn aushungern lassen, aber der, welcher den Elias in der Wüste durch einen Raben nährte, verließ auch hier seinen Diener nicht. Waimers hartes Herz wurde erweicht, er ließ ihn zu sich führen, und als er erst in ein vertraulicheres Gespräch mit ihm gekommen war, so sänftigte Leodegar in kurzer Zeit sein rauhes Gemüt und führte ihn und sein Weib zur Gottesfurcht, so daß er das vor kurzem in Augustodunum der Kirche abgenommene Geld ihm demütig zustellte, um damit zu tun, was ihm beliebte. Der Mann Gottes nahm es an und ließ es durch den Abt Berto, einen zuverlässigen Mann, nach der Stadt zurückbringen.

## 12.

Als endlich aber der verruchte Ebroin seine Übeltat nicht länger verheimlichen konnte, wandte er sich von dem König, den er aufgestellt hatte, ab, um in Theuderichs Palast zurückzukehren. Auf etlicher Leute Betreiben hin ward er auch angenommen und nun zum zweitenmal Hausmeier. Nachdem er von einigen mit Freude, von andern mit Furcht in sein hohes Amt eingesetzt worden war, erließ er sofort eine Verordnung, daß keinem aus dem Schaden und Raub, den er während der letzten unruhigen Zeiten angerichtet hätte, eine rechtliche Verfolgung erwachsen sollte. Dadurch hatte er einen Vorwand, den Raub, den ihm seine Helfershelfer aus der Plünderung vieler zusammengetragen hatten, nicht zurückzugeben. Sein Übermut und seine Bosheit wuchsen jetzt immer mehr: mit Wut verfolgte er die ersten Großen des Reichs, und die, welche in seine Hände fielen, ließ er mit dem Schwert hinrichten, oder er nahm ihr Vermögen und schickte sie in die Verbannung. Als er auf diese Weise seine grausame Wut befriedigt hatte, suchte er wieder Gelegenheit, den Vorwurf der Grausamkeit vor der Welt von sich abzuwälzen. Er heuchelte also, die Ermordung Childerichs bestrafen zu wollen, obgleich doch keiner mehr als er an seinem Tode schuld war, und ließ den heiligen Leodegar aus dem Kloster, in dem er verborgen gehalten worden war, holen und samt seinem Bruder Gairinus, der sich mit andern flüchtigen Franken in Waskonien aufgehalten hatte, vor den König bringen.

## 13.

Den Gairinus ergriffen die Henker zuerst, banden ihn an einen Pfahl und steinigten ihn. Betend gab er seinen Geist auf. Den Leodegar verlangte es, mit seinem Bruder zu sterben, aber der Wüterich Ebroin schob seine Hinrichtung hinaus, um seine Qualen verlängern zu können. Er ließ ihn nun zuerst barfuß durch einen Fischteich führen, in dem spitzige Steine gleich Nägeln eingeschlagen waren, dann Lippen und Zunge abschneiden, zuletzt nackt und bloß durch den Schmutz der Gassen schleppen und ihn dem Waring übergeben. Zu dem sprach Ebroin: „Nimm den Leodegar, den du einst so trotzig gesehen hast, und halte ihn in sicherem Gewahrsam, bis er wird von dir gefordert werden, auf daß er empfange, was er von seinen Feinden verdient hat." Als aber einer unserer Brüder, der Abt Winobert, den Mann Gottes heimlich besuchte, so fand er ihn schon wieder etwas sprechend und holte den Bischof Hermenar, seinen Nachfolger, herbei, der mit aller Sorgfalt und Kunst seine Wunden pflegte, und ihm Kleidung und Speise und Trank darreichte. Wie nun Leodegar von Waring zu sich heimgeführt ward, so wuchsen durch Gottes Gnade seine Lippen und Zunge ganz wunderbar wieder, und ich selbst habe es gesehen, wie ihm die Worte vom Munde flossen. Darum erbarmte sich auch Waring und brachte ihn nach dem Frankenkloster Fiscamnum, dem die Childemarca vorstand.

## 14.

Als Leodegar etwas zwei Jahre hier zugebracht hatte, kam
ihm die Kunde zu, daß durch die Strafe Gottes seine
Feinde getötet oder verbannt worden seien. In der Zeit
nämlich versammelten König Theuderich und Ebroin
viele Bischöfe zu einer Synode, wo unter andern auch
jener Diddo verurteilt wurde: es ward ihm der ganze Kopf
kahl geschoren, dann wurde er ausgestoßen und getötet.
Andere Bischöfe wurden damals von Ebroin auf ähnliche
Weise gestraft und auf ewig verbannt. Auch den Waimer,
der sich von Ebroin als Helfershelfer gegen Leodegar
hatte brauchen lassen und hierauf ein Bistum von ihm
erhielt, traf jetzt die Strafe: er wurde, wie man sagt, zu
dem schmählichsten Tod durch den Strick verurteilt und
so zur Hölle geschickt. Jetzt reizte aber die alte Schlange
den Ebroin wieder gegen Leodegar auf, er ließ ihn zum
Palast bringen und ihm auf den Rat der Bischöfe sein
Gewand von oben bis unten zerreißen, so daß er fernerhin nicht mehr das Meßopfer verrichten konnte. Dann
suchten sie ihm das Geständnis abzupressen, daß er um
Childerichs Tod gewußt, aber vergebens. Da übergaben
sie ihn endlich dem Pfalzgrafen Chrodobert, daß er ihn
mit dem Schwert hinrichten ließe. Als Leodegar einige
Zeit in dessen Hause zugebracht hatte, erging von Ebroin
ein Befehl, man solle ihn im Wald umbringen, dann in
eine Grube werfen und diese mit Steinen und Erde anfül-
len, damit niemand sein Grab wisse und ihm Verehrung
erweisen könne.

### 15.

Und so geschah es auch. Freudig ging er zum Tod von vier Knechten begleitet, und ward am 2. Oktober enthauptet. Aber auf Befehl von Chrodoberts Gemahlin ward er von seinen Freunden heimlich ausgegraben und in Sarcinium bestattet.

### 16.

Seitdem geschahen viele Wunder an des Heiligen Grab. Aber den Ebroin ereilte bald die gerechte Strafe. Er hatte einem Großen, als sich ein Anlaß dazu fand, fast sein ganzes Vermögen genommen; dazu drohte er ihm auch noch mit dem Tod. Da ermannte sich aber jener, und wie Ebroin des Sonntags vor Tagesanbruch zur Frühmesse gehen wollte, spaltete er ihm an der Schwelle seines Hauses das Haupt. Das geschah drei Jahre nach Leodegars Tod.

# IV
## Aus dem Leben der heiligen Balthilde, der Frankenkönigin

## Einleitung

Die Biographie der h. Balthilde ist noch unter Theuderich III, Balthildens Sohn, der im Jahre 691 starb, geschrieben. Einige Züge daraus schienen, zumal bei der Dürftigkeit des hierher gehörigen Kap. 44 der „Taten der Frankenkönige", die Übersetzung wohl zu verdienen. Balthildens Schicksale als Sklavin lassen einen merkwürdigen Blick in die innern Zustände der damaligen Zeit tun.

## 2.

Durch die göttliche Vorsehung ward Balthilde übers Meer herübergerufen und, obwohl eine kostbare Perle um geringen Preis hierher verkauft. Von dem Frankenfürsten Erchinoald wurde sie gekauft und brachte in dessen Dienst ihre Jugend ehrbarlich zu. Sie war gütig von Herzen, züchtig in ihrem ganzen Betragen, klug und nicht leichtfertig oder vorlaut in ihren Reden, wie sie denn vom Geschlecht der Sachsen war, von anziehender und feiner

Leibesgestalt, schön anzusehen, freundlich in ihren Mie-
nen und würdig in ihrem Gang. Darum fand sie Gnade
vor den Augen des Fürsten und er ließ sich von ihr in
seiner Kammer den Weinbecher reichen, und sie war eine
ehrbare Mundschenkin. Darüber aber erhob sie sich
nicht, sondern sie blieb demütig und gehorsam auch in
den niedersten Dienstleistungen und das ohne Murren.

## 3.

Als nun Erchinoalds Frau gestorben war, so wollte er sie
zum Weibe nehmen, sie aber verbarg sich vor seinem
Antlitz. Aber während sie des Königs Diener ausschlug,
sollte sie nach dem Willen Gottes die Gemahlin Chlodwigs, Dagoberts Sohn, werden und Königskinder gebäh-
ren.

## 5.

Als König Chlodwig, der treffliche Mann, aus dem Leben schied, kam die Herrschaft sofort an seinen Sohn
Chlothar. Damals ragten unter den Großen besonders
Chrodobert, der Bischof von Paris, Audoen und der Hausmeier Ebroin hervor, und im ganzen Frankenreich herrschte Friede. In ruhiger Ordnung geschah es sodann, daß
mit dem Willen der Balthilde und nach dem Rat der
Großen die Austrasier ihren Sohn Childerich zum König
erhielten und Burgunder und (die neustrischen) Franken
vereinigt wurden. Und wir glauben, daß Gott um der

Balthilde großen Glaubens willen die drei Reiche damals habe Frieden und Eintracht halten lassen.

## 6.

Da nun aber zu der Zeit die Kirche Gottes von der ketzerischen Simonie befleckt wurde, wodurch man um Geld ein Bistum erhielt, so steuerte Balthilde nach dem Rat frommer Priester dieser gottlosen Sitte.

## 10.

Ihr frommes Verlangen ging dahin, in dem Nonnenkloster Kala, das sie nebst manchen andern gestiftet hatte, das Leben zuzubringen. Aber die Franken wollten das aus Liebe zu ihr nicht zugeben und hätten es auch nicht geduldet, wäre nicht jene große Bewegung wegen des Bischofs Sigebrand entstanden, dessen Übermut gegen die Franken den Tod verdiente. Als sich nun darüber Streit erhob, da er gegen den Willen der Königin ermordet war, so ließen die Urheber der Tat, fürchtend, Balthilde möchte sie ihnen nachtragen und sie zur Strafe ziehen, die Königin sofort nach dem Kloster ziehen. Balthilde sah darin den Willen Gottes und kam von etlichen Großen geleitet nach dem Kloster Kala, von wo sie im Jahre 680 zum Herrn einging.

# V
## Das Leben des h. Eligius Bischofs von Noviomum

## Einleitung

Aus dieser Lebensbeschreibung, welche *Audoenus* oder *Dado*, der Freund des Eligius, zuletzt Bischof von Rouen, verfaßt hat, entnahm *O. Abel* nur zwei kleine Stücke. Sie ist jedoch so merkwürdig und so lehrreich, daß ich etwas umfassendere Auszüge geben zu müssen glaubte. Das ganze Werk ist nicht nur sehr umfangreich und mit einem gewaltigen Pomp frommer Phrasen ausgestattet, sondern es ist auch ganz offenbar in späterer Zeit überarbeitet und sehr vermehrt worden. Nur der Kern kann von Audoen herrühren, wie aus manchen Stellen ganz deutlich hervorgeht und die ganze Schreibart zeigt. Deshalb mögen diese Auszüge genügen.

# Aus dem Leben des h. Eligius, Bischofs von Noviomum

## Erstes Buch

### 1.

Eligius stammte aus der Catalanensischen Villa, etwa sechs Millien nördlich von der Stadt Lemovicas (Limoges) gelegen, von freien und seit vielen Generationen christlichen Eltern. Der Vater hieß Eucherius, die Mutter Terrigia.

### 3.

Als der Vater die ausgezeichneten Anlagen seines Sohnes wahrnahm, übergab er ihn zur Unterweisung einem ehrenwerten Mann namens Abbo, einem vortrefflichen Goldschmied, welcher damals der öffentlichen Münzstätte in Lemovicas vorstand; von diesem erlernte er in kurzer Zeit, was zu diesem Amt gehört.

## 4.

Nach einigen Jahren verließ er seine Heimat und seine Eltern und begab sich ins Frankenland, wo er alsbald einem königlichen Schatzmeister namens Bobbo bekannt wurde und sich in seinen Dienst begab.

## 5.

Bald nachher wurde er dem Frankenkönig Clothar (II.) bekannt, durch folgenden Umstand: Der König wollte sich einen Sattel in seiner Weise aus Gold und edlen Steinen machen lassen, aber es fand sich in seinem Palast kein Künstler, welcher das Werk so wie er es wünschte ausführen konnte. Da nun der erwähnte Schatzmeister die Kunstfertigkeit des Eligius kannte, ließ er ihn ausforschen, ob er ein solches Werk ausführen könne, und da er ihn dazu bereit fand, teilte er es dem Fürsten mit. Dieser gab ihm voll Freude eine Menge Goldes, welches er wieder dem Eligius übergab. Schleunigst machte sich dieser an die Arbeit und führte sie rasch mit aller Sorgfalt aus. Aus dem Gold aber, welches er bekommen hatte, machte er zwei Stücke, so daß es ganz unglaublich erschien, daß aus diesem Gewicht so viel sich machen ließ. Aber er verarbeitete das Gold ohne alle arge List und schob nicht, wie die übrigen betrügerischen Arbeiter, die Schuld auf die Feile oder den Verlust im Ofen. Das fertige Werk brachte er dem König; das zweite aber behielt er bei sich. Der Fürst nun bewunderte die Schönheit der Arbeit und befahl, den Lohn dafür auszuzahlen. Da brachte Eligius auch das zweite Exemplar zum Vorschein und sprach: „Was vom Golde übrig blieb, habe ich, um es nicht umkommen zu lassen, hierzu verwendet". Der König wunderte sich sehr, schenkte ihm das größte Vertrauen, und Eligius fand Gnade vor seinen Augen, und Ruhm als der geschickteste Künstler.

## 6.

In meiner Gegenwart, da ich als Knabe bei dem König wohnte, verlangte der König eines Tages von Eligius, ich weiß nicht aus welchem Anlaß, doch vermutlich, um ihn Treue geloben zu lassen, daß er die Hände auf die Reliquien der Heiligen legen und so einen Eidschwur leisten sollte. Eligius aber weigerte sich unter Tränen, die heiligen Reliquien zu berühren, und der König erließ ihm den Eid.

## 7.

Nach langer Zeit, als er schon ein Mann geworden war, berichtete er alle Sünden seiner Jugend, und tat von da an Buße mit Fasten und Kasteiung.

## 9.

Eligius also fand Gnade vor Gott und den Frankenkönigen, und große Mengen an Gold und Silber und edlen Steinen wurden ihm vom König übergeben, ohne daß sie abgewogen wurden. Als König Clothar starb, und Dagobert die Herrschaft über das ganze Reich erhielt, schenkte ihm dieser so großes Vertrauen, daß die Bösen ihn grimmig haßten, die Guten aber verehrten ihn sehr.

## 10.

Er arbeitete unablässig für den König und machte ihm viele Gerätschaften aus Gold und edlem Gestein, und ihm gegenüber saß Thille, sein Diener, von sächsischer Herkunft, welcher dem Beispiel des Lehrers folgte und auch später ein gottseliges Leben führte. Wenn er aber bei der Arbeit saß, hatte er immer vor sich ein aufgeschlagenes Buch, um sich zugleich mit den göttlichen Geboten zu beschäftigen. So sehr stieg sein Ansehen, daß, wer aus dem römischen oder italischen oder gotischen Lande in irgend einer Angelegenheit zum König kam, zuerst den Eligius aufsuchte, um Hilfe oder doch guten Rat von ihm zu erlangen. Pilger und Mönche eilten zu ihm und was er erwarb, gab er ihnen zum Almosen oder verwandte es zum Loskauf von Gefangenen, denn das lag ihm ganz besonders am Herzen. Wo er nur hörte, daß ein Sklave zum Verkauf stehe, eilte er voll Barmherzigkeit hin, zahlte das Geld und befreite den Gefangenen, zuweilen auch bis zu zwanzig und dreißig oder auch fünfzig; zuweilen aber befreite er auch einen ganzen Haufen, bis zu hundert Seelen, so wie sie aus dem Schiff kamen, Männer und Weiber aus allen Völkern, Römer, Gallier, Brittannier, auch Mauren, vorzüglich aber Sachsen, welche zu jener Zeit häufig wie Herden ihrer Heimat entrissen und nach allen Seiten verkauft wurden. Wenn zuweilen bei der großen

Zahl der Preis zu hoch wurde, gab er alles hin, was er am
Leibe trug, sogar die Schuhe, um nur die Gefangenen zu
retten.

Die befreiten Gefangenen führte er sogleich vor den
König, warf den Pfennig für sie und gab ihnen den Frei-
heitsbrief. Dann ließ er sie wählen, ob sie heimkehren
wollten, wozu er sie auch unterstützte, oder bei ihm bleiben, wo er sie denn nicht wie Knechte, sondern wie Brüder hielt, oder ob sie sich bereden ließen, das Mönchsle-
ben in einem Kloster zu ergreifen. Diese verehrte er ganz
besonders, wie seine Herren, und gab ihnen Kleider und
was sie brauchten. Bei sich aber hatte er ein zahlreiches
Gesinde; dazu gehörte Bauderich, sein Landsmann, von
freier Abkunft, welcher in allen Dingen sehr treu für ihn
sorgte; Tituenus, ein Schwabe, sein getreuer Kämmerer,
der später durch seinen Tod höheren Lohn erwarb; auch
Buchinus, ein bekehrter Heide, welcher später ein gottge-
weihtes Leben führte und dem Ferrarischen Kloster
vorstand.

## 12.

Eligius (dessen unerschöpfliche Mildtätigkeit gegen Arme
im 11. Kap. geschildert ist) war von hoher Gestalt und
rötlichem Antlitz; er hatte gelocktes Haar, feine Hände
und lange Finger, ein engelgleiches Gesicht, einfachen
und verständigen Blick. Anfangs trug er an seinen Kleidern Gold und Edelsteine, er hatte Gürtel, die mit Gold
und Edelsteinen geschmückt waren, und Taschen daran,
welche in feiner Weise mit Gestein geziert waren, auch

Linnengewand mit Goldstickerei, und die Säume seiner
Kleider glänzten von Gold; alle seine Gewänder waren
von hohem Wert und einige davon ganz von Seide. Aber
das alles trug er in der ersten Zeit nur, um Aufsehen zu
vermeiden, äußerlich, am Leibe aber ein härenes Gewand. Später, als er höher stieg, verwandte er allen seinen Schmuck für die Not der Armen und Bedürftigen. Da
sah man ihn gewöhnlich mit einem Strick gegürtet, mit
schlechten Kleidern angetan; oft aber, wenn der König
ihn so um Christi willen in Niedrigkeit gehen sah, nahm
er sein eigenes Gewand und seinen Gürtel, und gab ihm
dieselben.

Seine Wohnung hatte er gemeinsam mit Dado, den er
liebte wie seine eigene Seele.

## 13.

Einstmals übernahm er auf Bitten des Königs eine Gesandtschaft nach Britannien (der Bretagne). Hier begab
er sich zu dem Fürsten des Landes, legte ihm den Gegenstand der Verhandlung vor und empfing die Bürgschaft
für die Gewähr des Friedens; den Fürsten aber gewann er
so sehr durch seine Güte und Milde, daß er ihn mit Leich-
tigkeit dazu beredete, mit ihm zu kommen. Und so führte
er ihn mit zahlreicher Mannschaft zum Frankenkönig
nach dem Hofgut Crioilus und brachte einen Friedens-
bund zustande.

## 15.

Der König Dagobert liebte ihn so sehr, daß er ihm nichts abschlug, und so erbat er sich eines Tages von ihm das Hofgut Solemniacus im Lemovicinischen Gau. Dort wurde bis dahin dem König eine öffentliche Abgabe in Gold entrichtet, aber da der Steuerbeamte und der Münzmeister das Gold im Ofen auskochen wollten, um es der Gewohnheit gemäß völlig rein dem König zu überreichen, vermochten sie es nicht auszuführen, bis Eligius kam und meldete, daß ihm das Gut geschenkt sei, worauf es nun ihm übergeben wurde. Hier gründete er nun sein erstes und größtes Mönchskloster, wo er bis zu 150 Mönchen versammelte, denen er reichliche Einkünfte zuwies.

## 16.

Diesen Ort habe auch ich besucht und daselbst eine so genaue Befolgung der Klosterregel gefunden, wie sie sonst in Gallien nicht vorkommt. Es sind auch Künstler da, welche in allerlei Fertigkeiten sich auszeichnen. Die Gegend ist ungemein fruchtbar und angenehm und reich an Obst.

## 17.

Darauf gedachte er in der Stadt Paris ein Gasthaus für Arme zu bauen, aber er änderte seinen Plan und errichtete in dem Haus, welches ihm daselbst der König geschenkt hatte, ein Jungfrauenkloster, worin er bis zu 300 Nonnen aus allerlei Völkern, aus seinen Mägden wie auch aus edlen Frankenfamilien zusammenbrachte; als Äbtissin setzte er ihnen Aurea, die Tochter des Maurinus und der Quiria.

## 18.

Hierauf erbaute er auch noch eine Kirche zu Ehren des Apostels Paulus, als Begräbnisstätte der Nonnen, und deckte das Dach derselben mit Blei. Ferner erbaute oder erneuerte er eine Kirche zu Ehren des h. Martialis von Limoges und deckte sie benfalls mit Blei.

## 31.

Er hatte vom König die Erlaubnis erhalten, die Körper derjenigen, welche durch die Strenge des Königs oder seiner Richter auf verschiedene Weise getötet wurden, von den Barken, den Rädern und Galgen abnehmen und begraben zu dürfen. Zu diesem Zweck entsandte er seine Diener, welche, wo sie einen Leichnam fanden, ihn sofort mit Erde bedeckten. So kamen sie einstmals ins Gebiet des Königs von Austrasien und nach einer Stadt, welche Stratoburga hieß, und da sie nicht mehr fern von der Stadt waren, sahen sie einen Menschen, welcher an demselben Tage gehängt war. Sie nahmen ihn ab und er lebte wieder auf, worauf Eligius ihm beim König einen Sicherheitsbrief erwirkte.

## 32.

Dieser Mann verfertigte auch aus Gold und Silber und
edlem Gestein viele Gräber von Heiligen, so für Ger-
manus, Severinus, Piato, Quintinus, Lucius, Genovefa,
Columba, Maximian und Lolianus, und Julianus nebst
vielen andern; vorzüglich aber verzierte er das Grab des
h. Martin zu Tours auf Kosten des Königs Dagobert mit
wunderbarer Arbeit aus Gold und Edelsteinen, und das
Grab des h. Brictio, und ein anderes, in welchem der Leib
des h. Martin lange gelegen hatte, schmückte er gar
schön. Für diese Kirche erlangte er auch vom König Dagobert die Gnade, daß er ihr den ganzen Zins, welcher an
den Staat zu zahlen war, schenkte, und diese Schenkung
durch eine Urkunde bestätigte. Auch das Mausoleum des
h. Märtyrers Dionysius zu Paris verfertigte er, und darüber ein marmornes Dach, mit Gold und Steinen geschmückt, von wunderbarer Arbeit.

# Zweites Buch

## 1.

Eligius hatte schon lange in weltlicher Kleidung im Königspalast dem Herrn gedient; er lebte zu den Zeiten Lothars des Mittleren, des milden Frankenkönigs, und während der ganzen Regierung Dagoberts, des berühmten Fürsten, und seines Sohnes Clodoveus, und bis zum Anfang der Regierung des jüngeren Lothar blieb er am Leben. Aber in diesen Tagen wucherte in den Städten und überall im Frankenreich die Ketzerei der Simonie, und ganz besonders von den Zeiten der unseligen Königin Brunichilde an bis zur Zeit Dagoberts untergrub diese Pest die Kirche. Es wachten aber unablässig dagegen die heiligen Männer Eligius und Audoenus, und gaben im Verein mit einem Konzil der Bischöfe dem König und seinen Großen den Rat, dieses tödliche Gift zu beseitigen, worauf auch der Beschluß erfolgte, daß in Zukunft niemand für Geld zum Priestertum zugelassen werden solle.

## 2.

Sie wählten also nur um seiner Verdienste willen den heiligen Eligius zum Vorsteher der Kirche zu Noviomagus, wo in ebendiesem Jahre der Bischof Acharius gestorben war, zugleich mit ihm aber auch seinen Freund Audo-

enus, welcher Dado genannt wurde, um der Kirche von
Rothomagus vorzustehen. So wurde also der Goldschmied trotz seines Sträubens geschoren und zum Hüter
gesetzt über mehrere Städte, die Vermandensische, welche eine Metropolis ist, Tornacus, einst eine königliche
Stadt, Noviomagus und die Städte Flanderns, auch Gand
und Corturiacus. Hauptsächlich deshalb machten sie ihm
zum Hirten dieser Orte, weil die Bewohner noch großen-
teils im Irrwahne des Heidentums befangen und eitlem
Aberglauben ergeben waren, auch wie Tiere des Waldes
keinerlei heilsamen Zuspruch erhielten.

Der heilige Mann aber ließ sich nicht früher zum Priester weihen, als nachdem er einige Zeit im geistlichen
Stand verlebt hatte. Als dann auch Audoenus von jenseits
des Liger zurückgekehrt und bereits vom Herrn Deodat,
dem Bischof von Matasco, zum Priester geweiht war, erhielten sie beide an demselben Tage die bischöfliche
Weihe als freie Gabe am Tag der Bittfahrten. In der Stadt
Rothomagus, am 14. Tag des dritten Monats, im dritten
Jahre des noch jugendlichen Königs Clodoveus, am Sonntag vor den Bittagen, sind wir beide inmitten des ange-
sammelten Volks, der Geistlichkeit, der Lobsinger, umsonst von den Bischöfen zu Bischöfen geweiht worden, ich
für Rodomum, er für Noviomus. (Er widmet sich nun mit
großem Eifer den Pflichten seines Amtes.)

### 3.

Die Flandrer aber, die Andoverper, Frisionen und Sueven
und alle Barbaren, welche an der Küste des Meeres woh-

nen, waren noch von keiner Predigt berührt und empfingen ihn anfangs mit Feindschaft und Abneigung; nach und nach wandte sich der größte Teil des trotzigen und barbarischen Volks von seinen Götzen ab und bekannte sich zum wahren Gott.

## 5.

In Noviomagus erbaute er den Mägden Christi ein Kloster, in welchem er eine große Genossenschaft unterbrachte und ihnen eine strenge Regel vorschrieb. Auch viele andere Klöster findet man in Gallien, welche von ihm oder durch seine Anleitung von seinen Schülern errichtet sind.

## 6.

Er fand nicht weit von der Vermandensischen Stadt den Leib des heiligen Märtyrers Quintinus, welchen vorher ein gewisser gottloser Mensch Maurinus, welcher aber beim Volk seiner äußern Erscheinung nach für fromm galt, ein gefeierter Sänger in der Königspfalz, aufgeblasen und hochmütig, sich eitlerweise vermessen hatte, auffinden zu können. Er ließ ihn zum Altar der Kirche bringen und verfertigte darüber eine Tumba aus Gold und Silber und edlem Gestein von wunderbarer Arbeit. Auch die Kirche wurde in herrlichster Weise vergrößert.

## 7.

Viel arbeitete er außerdem in Flandern, und ganz vorzüglich kämpfte er tapfer in Andoverpen, und bekehrte viele Sueven von ihrem Irrwahn; überall zerstörte er die Heidentempel und den Götzendienst. Da gelang es ihm, durch seine Belehrung und Ermahnung, den wilden Sinn des Volkes zu beugen; viele taten Buße, gaben ihre Habe an die Armen und den Sklaven die Freiheit. Alte und Junge ließen sich taufen und viele wurden Möche und Nonnen.

## 10–12.

Mit ansehnlichem Gefolge macht er wegen eines (nicht angegebenen) Auftrages eine Reise in die Provinz (Provence) und verrichtet daselbst verschiedene Wunder.

## 26.

Eines Tages forderte ihn Herchenoald, der Vorsteher der Königspfalz, auf, wegen einer Angelegenheit ihn in seinem Gefolge fern von der Stadt zu begleiten. Er weigerte sich dessen, aber die Ältesten und Äbte seiner Stadt nötigten ihn, dem Willen dieses mächtigen Mannes sich nicht zu widersetzen, damit er sich nicht die Feindschaft desselben zuzöge. Da er nun so gezwungen wurde, sich offen auszusprechen, sagte er endlich: „Wozu braucht ihr mir eine solche Plage aufzudrängen? Ich weiß ganz si-

cher, was euch allen ganz unbekannt ist, daß, wenn ich
dorthin eile, mir großes Leid widerfährt. Denn dieser
Mensch geht zwar dorthin, aber er wird nicht lebend
heimkehren. Dort wird er sterben." Schon nach wenigen
Tagen erfüllte sich seine Rede, denn als jene kaum zu
dem bezeichneten Geschäft auf dem Landgut angekommen waren und einige Tage dort verweilten, begab sich,
was er vorhergesagt hatte. Als in der Nacht alle fest schliefen, trat Eligius zufällig aus seinem Zelte und wandelte
psalmensingend auf und ab. Da sah er plötzlich eine Feu-
ersäule vom Himmel sich herabsenken und mit Heftigkeit in die Kammer Herchenoalds eindringen. Nachdem
er das schweigend bei sich überlegt hatte, zeigte er seinem Diaconus, der gerade allein sich bei ihm befand, den
Tod jener Bestie an. Sogleich aber ließ auch Herchenoald,
welcher von der Strafe Gottes getroffen war, da in seinen
Eingeweiden brennendes Feuer wütete, den Eligius zu
sich rufen. Als dieser kam und seinen Zustand sah, redete
er ihm zu, daß er doch jetzt, da er keine Hoffnung mehr
auf Rettung vor dem Tode habe, tun möge, was er bei
Lebzeiten aus freien Stücken nicht getan hatte, nämlich,
daß er die vielen mit Gold gefüllten Säcke, welche seine
Saumtiere trugen, unverzüglich zum Heil seiner Seele unter die Armen verteilen lasse: nur das allein könne ihm
helfen. Er aber, ebenso geizig und knauserig, wie er immer habgierig gewesen war, zögerte widerstrebend, bis er
endlich plötzlich den Geist aufgab. Eligius aber nahm aus
Barmherzigkeit den Leichnam mit sich und bestattete ihn,
und so zeigte er allen, daß sein Wort vollkommen erfüllt
war.

## 27.

Ebenso hatte er auch den Tod des grausamen Flavadus den Brüdern vorhergesagt. Als nämlich dieser Tyrann den Willibad, einen sehr christlichen Mann, den Patricius von Burgund, ohne Schuld ums Leben gebracht hatte, und der Tod desselben dem Eligius gemeldet war, da antwortete er denen, welche ihm diese Nachricht mitteilten: „Ihr behauptet, daß Willibad tot sei, Flavadus aber lebe; ich dagegen weiß, daß der, welchen ihr für tot ausgebt, jetzt im Himmel zur Belohnung seiner Tugenden ein besseres Leben führt; von dem anderen aber, den ihr als lebend rühmet, wisset, daß er durch einen raschen Tod ein schlechtes Ende finden wird." Und da man ihn nach dem Grunde dieses Wechsels befragte, sprach er sofort seine Weissagung deutlicher aus: „Deshalb habe ich jenen Ausspruch getan, weil jener Mann, ein wahrer Knecht Gottes, zur Zeit tot zu sein scheint, in Wahrheit aber ein seliges Leben ohne Ende führt; Flavadus aber, von dem ihr glaubt, daß er noch lange leben werde, innerhalb dieser zehn Tage, so wie er es verdient, eines schlimmen Todes sterben wird." So geschah es auch, wie er es vorher verkündigt hatte, denn nach sieben Tagen wurde Flavadus zufällig getroffen und starb, wie der Mann Gottes gesagt hatte, elenderweise.

## 31.

Es gibt noch viele Weissagungen von ihm, und so auch über den Tod weiland König Heriberts, welcher, wie er es

vorher verkündigt hatte, bald nachher eintrat. Auch über
den Tod Dagoberts, des berühmten Fürsten, und über die
Geburt des jungen Lothar. Als nämlich dieser noch in
seiner Mutter Leib war, und die Königin in großen Sor-
gen, da sie fürchtete, sie möchte eine Tochter gebären
und das Reich dadurch Schaden leiden, da kam Eligius
fröhlich zu ihr, tröstete sie, und indem er sie vor allen
Leuten als Kindbetterin begrüßte, sagte er ihr vorher, daß
ihr Kind ein Knabe und sein, des Eligius, Taufpate sein
werde. Auch gab er ihm schon jetzt den Namen, und um
dem allen noch größere Gewißheit zu geben, bat er, daß
man etwas *(opificium)*, welches dem Kleinen angepaßt
werden *(aptari)* könne, machen lasse und bis zur Geburt
aufhebe. Das alles kam auch so, und Eligius gab ihm als
Pate den Namen Lotharius. Darauf gab ihr Gott noch
zwei Söhne, aber als nun die drei Knaben heranwuchsen
und König und Königin fröhlich und in Frieden lebten,
verkündigte Eligius eines Tages folgende Weissagungen
von ihnen.

„Ich sah", sagte er, „in einer nächtlichen Vision, wie
die Sonne um die dritte Tagesstunde hell leuchtete, plötzlich aber verschwand, und da ich noch dieses unerhörte
Wunderzeichen aufmerksam betrachtete, sah ich, wo
sonst die Sonne wandelt, den Mond von drei Sternen
umgeben, und siehe! während die Sterne blieben, verschwand der Mond. Darauf aber, als ich die drei Sterne
fast zur Mittagshöhe kommen und sich gegenseitig mit
ihren Strahlen beleuchten sah, wurde der strahlendste
von ihnen hinweggenommen, dann auch noch einer, und
so blieb nur einer übrig, welcher, auf geradem Wege die
Bahn der Sonne verfolgend, zuletzt mit großer Helligkeit

glänzte, und zwar um so mehr, je weiter er nach Westen kam. Als er aber bis zur Stelle des Sonnenuntergangs gelangte, leuchtete er mit solchem Glanze, daß er die strahlendste Helligkeit der Sonne zu übertreffen schien. Folgendes nun ist die Auslegung dieser Vision. Nach dem Tod des Königs Chlodoveus – denn ohne Zweifel wird er bald sterben – wird eine Zeitlang seine Witwe, die Königin, mit ihren drei Knaben das Frankenreich innehaben. Nachdem aber auch sie das Reich wird verloren haben, ihre drei Söhne aber an der Regierung geblieben, wird einer von ihnen fallen, und nicht lange nachher wird auch von den zweien der eine des Reiches beraubt werden. Der dritte aber wird allein volle Herrschaft gewinnen und sich ausbreiten über alle seine Anverwandten, und er wird groß werden und diese drei Reiche unter seiner Herrschaft vereinigen, und so wird diese Vision ihre Erfüllung finden."

So weit Eligius; wir aber dürfen nicht im geringsten daran zweifeln, da seinen Worten der Erfolg nicht fehlt, zumal, da auch diese Worte zum Teil schon ihre Erfüllung gefunden haben, und was noch nicht eingetroffen ist, wie wir nach Betrachtung der vorausgegangenen Dinge nicht bezweifeln, nächstens erfüllt werden muß. Denn gemäß seiner Weissagung starb der König Chlodoveus in kurzer Zeit, d. h. noch vor dem dreißigsten Tage, in Frieden, und seine Witwe, die Königin, verlor, nachdem sie wenige Jahre mit ihren Knaben die Herrschaft behauptet hatte, das Reich und ließ es ihren Söhnen. Nach einigen Jahren starb der Älteste von ihnen, welcher die vorzüglichste Haupt-Berechtigung hatte, während er in aller Ruhe regierte, und hinterließ seine zwei Brüder am Leben. Wie es nun weiter mit der Erfüllung der Vision werden wird, das muß allein dem Willen Gottes überlassen bleiben. Dieses also und noch viel mehr der Art, was auszuführen zu lang sein würde, hat häufig Eligius, erfüllt von prophetischem Geist, vorhergesagt.

## 33.

Nach vielen guten Werken, als er schon über siebzig Jahre alt war, fühlte er sein Ende nahen, versammelte am letzten November seine Diener und seine Jünger um sich, und richtete an sie seine letzten Ermahnungen.

## 35.

Als es zum Sterben kam, berief er noch einmal seine Schüler und Freunde zu sich, und gab unter Gebeten und Wehklagen seinen Geist auf.

## 36.

Am nächsten Morgen strömte eine sehr große Menschenmenge beiderlei Geschlechts in der Stadt zusammen; es erschien auch die Königin Balthildis mit ihren Söhnen und mit den Vornehmsten und zahlreichem Gefolge. Eilends betrat sie die Stadt, eilte zur Leiche und wehklagte laut, daß sie ihn nicht mehr lebend angetroffen. Sie gab sich viele Mühe, die Leiche nach ihrem Kloster Cala bringen zu lassen, während eine andere Partei sie für Paris begehrte, aber die Einwohner von Noviomum setzten durch, daß sie bei ihnen blieb.

## 37.

Mit großem Gepränge und unter lauten Klagen seiner Gemeinde fand das Leichenbegängnis statt.

# Inhalt

# Jordanis
# Gotengeschichte

168 Seiten, ISBN 3-88851-076-7

Die im Jahre 551 verfaßte »Gotengeschichte« von Jordanis stellt eine der wichtigsten Quellen für unsere oh-
nehin mangelhafte Kenntnis der Geschichte der Völkerwanderung dar und bleibt als eine Zusammenfas-
sung der bekanntesten zeitgenössischen Geschichts-
schreibungen von unschätzbarem Wert.
Die »Gotengeschichte« ist für die wissenschaftliche Er-
forschung unserer Frühgeschichte unentbehrlich, weil
die bedeutendsten der Vorlagen über die Goten, die
Jordanis benutzte (Die Schriften des Ablabius und des
Kassiodorus), verlorengegangen sind. Es ist Jordanis
zu verdanken, daß ihr Inhalt für die Nachwelt gesichert
ist. Der Text für diese Ausgabe ist Theodor Mommsens
Sammlung der »Monumenta Germaniae Historica«
von 1882 entnommen.

*Phaidon*

Eduard Meyer

# GESCHICHTE
## DES
# ALTERTUMS

8 Bände mit insgesamt 5208 Seiten in Schuber,
4farbige Karte, Format 13,5 x 22 cm, ISBN 3-88851-063-5

Eduard Meyers Universalgeschichte des europäischen Al-
tertums stellt die Geschichte Ägyptens, Vorderasiens und
Griechenlands von den Anfängen bis zum Untergang des
athenischen Reiches in einem allumfassenden Gesamt-
rahmen dar. Kein Themen-
kreis wird isoliert
betrachtet, sondern
vielmehr wird dem
welthistorischen
Gegensatz Orient-
Okzident der Platz
im Mittelpunkt
der Betrach-
tungen ange-
wiesen. Ge-
rade dies
macht den
unvergäng-
lichen Wert
dieses
Werkes aus.

**Phaidon**

# Eduard Meyer

# GESCHICHTE DES ALTERTUMS

# Ur Geschichte des Christen Tums

## Eduard Meyer

2 Bände mit insg. 1470 Seiten in Schuber, Format 13,5 x 22 cm, ISBN 3-88851-028-7

Das auch heute noch maßgebende Grundlagenwerk der Ursprünge und Anfänge des Christentums des berühmten Althistorikers Meyer (1885–1930).

Band 1 behandelt die Quellen des Evangeliums und ihre Betrachtung des Lebens Christi sowie der Entwicklung des Judentums von seiner Begründung unter der persischen und makedonischen Herrschaft bis zur Geburt Jesus von Nazareths.

Band 2 liefert eine Kritik der Apostelgeschichte im besonderen Hinblick auf Paulus und zeichnet die Entwicklung des Christentums von der Christengemeinde in Jerusalem bis zu den Anfängen der katholischen Kirche nach.

PHAIDON VERLAG ESSEN